MODEMUSEUM
PROVINCIE ANTWERPEN

PATRONEN
PATTERNS

PROVINCIE
ANTWERPEN

LUDION

INHOUD

CONTENT

VOORWOORD

FOREWORD

SAMEN MET DE ANTWERPSE HAVEN, RUBENS EN ANTWERPEN Diamantstad bepaalt de Antwerpse mode sinds kort het gezicht van onze stad en provincie mee in binnen- en buitenland. Stad en provincie genieten vandaag meer dan een gewone faam zowel dankzij ontwerpers als Dries Van Noten, Walter Van Beirendonck, Ann Demeulemeester, als door de internationale uitstraling van de Antwerpse modeacademie. De kers op de taart is dan ook het ModeMuseum Provincie Antwerpen, een boeiende ontmoetingsplaats voor mode in hartje Antwerpen.

Het ModeMuseum heeft zijn start niet gemist. Sinds de opening op 21 september 2002 heeft het MoMu steevast kunnen rekenen op een grote belangstelling bij pers en publiek. Drie maanden later noteren wij immers 35.000 bezoekers, een 500-tal rondleidingen, 760 bibliotheekbezoekers, 102 publicaties in de nationale pers en 122 in de internationale media. De belangstelling voor de tentoonstelling *Selectie 1: Backstage* is beduidend groter dan wij hadden durven dromen.

Participatie betekent dat wij niet alleen oog hebben voor wie de museumbezoekers zijn maar ook voor wie ze nu net niet zijn. Bepaalde bevolkingsgroepen vinden nog steeds moeilijk de weg naar het museum en dit om diverse redenen. Zoals bijvoorbeeld het onvoldoende inspelen op de noden van andersvaliden en omdat het moeilijk blijft de buurtbewoners bij het museumgebeuren te betrekken...
Cultuurparticipatie zal dan ook de volgende jaren de uitdaging worden van de provinciale musea.

Frank Geudens
Bestendig Afgevaardigde van Financiën, Economie en Culturele Instellingen

FASHION IN ANTWERP HAS RECENTLY JOINED RUBENS, THE Antwerp harbour and diamond centre in determining the image of our city and province both at home and overseas. Today, we enjoy more than routine fashion fame, thanks not only to such designers as Dries Van Noten, Walter Van Beirendonck and Ann Demeulemeester but also to the international allure of the Antwerp Fashion Academy. The indisputable icing on the cake, however, is the Province of Antwerp's Mode or Fashion Museum, MoMu, a stimulating fashion focal point in the very heart of the city.

Our Fashion Museum romped away from the start. Since opening its doors on 21 September 2002, the MoMu has attracted continuous attention from both the media and the public. After just three months, we were very happy to note its 35,000 visitors, some 500 guided tours and 760 library users, as well as 102 publications in Belgium and 122 in the international media. The response to MoMu's *Selection 1: Backstage* exhibition has been greater than we ever dared to imagine.

Nevertheless, participation means that we keep ourselves informed about our museum visitors, who they are and who may have slipped through the net. Some sectors of our society still have trouble finding their way to museums, and this could be for a variety of reasons. Perhaps, for example, too little thought is given to meeting the needs of those who are less mobile, or there are problems with involving the local community.
In the coming years, a major challenge for our provincial museums will be their active participation in the cultural life of their community.

Frank Geudens
Deputy for Finance, Economy and Cultural Institutions

NO MAN'S LAND

ER BESTAAT ZOIETS ALS EEN NO MAN'S LAND, EEN ZONE DIE niet echt kan worden omschreven, waar dingen gebeuren die onduidelijk zijn en die door intuïtie of kennis gestuurd worden; een zoektocht naar en door onbekende oorden, geleid door voorgangers die ondoorgrondbare paden bewandelden en precedenten schiepen voor nieuwe visies.

Deze zone is niet vatbaar, glipt weg tussen de vingers. Toch trachten onderzoekers, vormgevers, scenografen, museumconservators, directeuren en tentoonstellingsmakers die wereld te grijpen, te analyseren, te concretiseren of te synthetiseren.

In de tentoonstelling *Patronen* hebben wij met het hele team gezocht naar een weg om deze zone weer te geven, te vertalen naar de bezoeker. Wij hebben modeontwerpers, vormgevers, kunstenaars, blinden, slechtzienden, historici, onderzoekers, patroonmakers, drapagekunstenaars en geluidsontwerpers meegesleurd in dit avontuur; van de Watteau-jurk tot de schermkunst, van de toile tot het kledingstuk, van het lichaam tot de paspop, van de foto tot de trompe-l'oeil, van zien tot niet zien, van voelen tot horen en ervaren.

Ik dank iedereen van harte die ons gevolgd heeft in deze zoektocht: de ontwerpers, de musea, de scenograaf, de uitgever, de graficus, de blinden en slechtzienden, de stagiaire, de restauratrices, maar vooral de Provincie Antwerpen, onze overheid.

Linda Loppa
Directeur MoMu

NO MAN'S LAND

THERE REALLY IS SUCH A THING AS NO MAN'S LAND – A ZONE that cannot be readily pinned down, but where things happen that are not clear, and which can be directed by intuition and knowledge. It is all about a quest to unknown places, led by forebears who trod paths that were mysterious and who laid the foundations for new visions.

It is an elusive zone, one that slips between your fingers. All the same, scholars, designers, scenographers, museum curators, managers and exhibition makers have variously sought to capture, analyze, crystallize and synthesize that world.

What we and all of the team have sought to do in the exhibition *Patterns* is to explore ways of showing and interpreting that zone to visitors. We have drawn fashion and other designers, artists, blind and partially-sighted people, historians, scholars, pattern-makers, fabric artists and sound designers into the adventure: from the Watteau gown to computer art, from *toile* to off-the-peg, from human body to mannequin, from photograph to trompe-l'oeil, from seeing to not seeing, and from feeling to hearing and experiencing.

I am deeply grateful to everyone who followed us on our quest: the designers, the museums, the scenographer, the publisher, the graphic artist, the blind and partially-sighted participants, the trainee and the restorers, and above all to the Province of Antwerp, our local authority.

Linda Loppa
Director MoMu

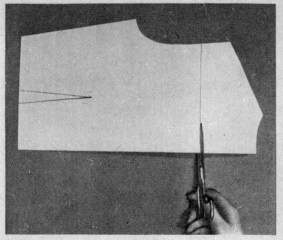

1 Coupez le patron-dos horizontalement à environ 10 cm. (Canada : 4'') de l'encolure, afin de former deux patrons.

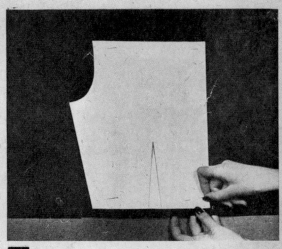

2 Prenez une feuille de papier fort. Epinglez la partie du bas du corsage sur cette feuille de papier.

3 Fixez le côté gauche à son ancienne place. Ecartez le côté droit de l'empiè. ement d'environ 5 cm. (Canada : 4'').

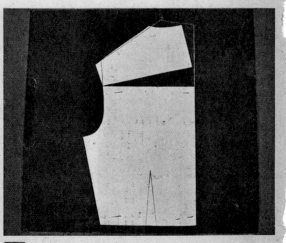

4 Epinglez. Rectifiez d'un trait de crayon l'encolure ainsi que nous vous le montrons sur cette photo.

5 Au cours de l'essayage, vous ajusterez la largeur de l'encolure par trois ou cinq pinces courtes.

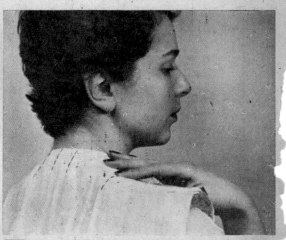

6 Placée sous l'encolure, une courte pince rectifiera éventuellement la longueur exagérée de l'épaule.

PATRONEN

PATTERNS

TRADITIONEEL WORDT HET KLEDINGPATROON BESCHOUWD als een technische tekening en is dus in een museale context enkel interessant voor onderzoek. Zowel in hun aankoop- als tentoonstellingsbeleid focussen modemusea voornamelijk op het eindproduct – het kledingstuk – waarbij het patroon zelden getoond wordt, laat staan verworven of aangekocht.

Door het tentoonstellen van kledingstukken in een museale context, krijgen deze stukken een zekere belangrijkheid en 'eeuwigheidswaarde' mee. Voor de mode, waarvan de eigenheid bestaat uit voortdurende verandering, mag dit enigszins paradoxaal lijken. Maar hoe verhinder je dat een museum verwordt tot een mausoleum, een nostalgische plek die de mode enkel weer kan geven als dode materie? Hoe vertaal je 'beweging' naar een tentoonstellingsbeleid?

Kleding wordt gemaakt voor een lichaam en heeft een bijzonder groot aandeel in de lichaamsbeelden die een bepaalde periode kenmerken. Dit lichaam nu wordt in de context van het museum a priori uitgesloten. Modemusea maken gebruik van mannequinpoppen in een poging de illusie van een lichaam zo dicht mogelijk te benaderen. Tegelijkertijd creëert het museum zo een artefact, een gekunstelde presentatievorm die in het beste geval refereert aan wat mode is en kan zijn. Ook het MoMu maakt gebruik van bustes en poppen om zijn kleding te presenteren, maar wil evenzeer nagaan of het lichaam op andere manieren kan worden binnengebracht in de context van het museum.

Vandaar de keuze om in deze tweede tentoonstelling *Patronen* te focussen op het patroon. Technisch gezien is het patroon de tweedimensionale overgang tussen het driedimensionale lichaam enerzijds en het uiteindelijke kledingstuk anderzijds. Elk patroon draagt in zich een mogelijk kledingstuk en dus indirect ook een mogelijk lichaam, maar is toch geen directe weergave van dat lichaam. In oppervlakte lijkt het groter dan het lichaam waarvoor het kledingstuk gemaakt wordt; de vormen van de onderlinge patroondelen ogen logger en 'vormlozer' dan de aan te kleden lichaamsdelen. In andere gevallen heeft het patroon dan weer een meer geprononceerde vorm dan het lichaam, waarbij bij wijze van disciplinering het patroon zijn vorm oplegt aan het lichaam en de te verwerken stof. Het patroon is een abstracte code met een tekentaal die enkel toegankelijk is voor de ingewijde lezer ervan. Het lichaam van het model, de schets van de ontwerper en de stof waaruit het stuk dient te worden gemaakt, laten verschillende vertalingen/lezingen toe. Het

TRADITIONALLY, THE DRESSMAKING PATTERN IS PERCEIVED as a technical drawing. In the context of a museum, therefore, it can only be of interest for research purposes. Both the acquisition and exhibition policies of museums of fashion focus on the final product – the apparel itself. The pattern is seldom shown, let alone purchased or collected.

Exhibiting a garment in a museum context lends it a certain significance, a sense of 'forever'. For fashion, whose very essence is change, this may seem like a paradox. How, therefore, can one prevent a museum from becoming a mausoleum, a nostalgic place that can only present fashion as dead material? How can you translate movement and change into actual exhibitions policy?

Clothing is made for the body. It has a great deal to say about the image of the figure or body that characterizes any given period in time. In a museum, this body is eliminated *a priori*. Fashion museums use artificial mannequins – dummies – in an effort to create the illusion, as closely as possible, of a real body. In so doing, they create an artefact, a factitious form of presentation that can at best only refer to what fashion is or could be. The MoMu makes use of busts and mannequins in presenting apparel but also explores other ways in which the body can be brought into this context.

This explains the focus of MoMu's second exhibition on the pattern. From a technical standpoint, the pattern is a two-dimensional transition between the three-dimensional body and the finished piece of clothing. Every pattern carries within it the potential garment and, therefore, the potential body. The pattern is not, however, a direct reproduction of that body. Its surface seems larger than the body for which the garment is to be made. The forms of the separate pattern pieces seem more cumbersome and 'formless' than the parts of the body that are to be clothed. In other cases, the pattern has a more pronounced form than the body, so that the discipline of pattern imposes its form on the body and the fabric to be used. The pattern is an abstract code with a draughtsman's language all its own, accessible only to the initiated. The body of the model, the designer's sketch, and the fabric from which the clothing will be made all have their own different interpretations or readings. The patternmaker's craft is revealed in an interpretation that can bring the body, design, and fabric all into balance. Such elements as the setting of the sleeve, the collar, the interplay between symmetry and asymmetry, are often indicators of this power of

metier van de patroonmaker verraadt zich in zo'n vertaling die lichaam, ontwerp en stof in evenwicht weet te brengen. Elementen als mouwinzet, kraag, spel met symmetrie en asymmetrie zijn vaak indicatief voor deze vertaalkracht. Ontwerpers werken soms verschillende jaren door op één patroon, op zoek naar de perfecte pasvorm, en zijn zich bewust van de cruciale rol die de patroonmaker speelt in het al dan niet slagen van een collectie. Patroonmakers vertrekken niet altijd vanuit een kant-en-klare technische tekening. Vaak moeten schets en sfeerbeeld volstaan of groeit het kledingstuk gaandeweg tijdens de verschillende pasbeurten op een model, waarbij pasfouten stap voor stap weggewerkt worden.

Frieda Sorber geeft in haar bijdrage aan dat het kledingpatroon historisch gezien niet altijd een dergelijke centrale positie heeft bekleed. De patronen uit de 16de eeuw die bewaard zijn gebleven, werden voornamelijk gebruikt om aan te duiden hoe de stof het meest economisch kon worden geknipt en niet zozeer om de uiteindelijke coupe van het kledingstuk te bepalen. De patroonmaker werkte rechtstreeks op het lichaam van individuele klanten en het gebruik van patronen was eerder een blamage dan een blijk van metier. Met de ontwikkeling van de naaimachine en later de opmars van de industrialisatie werd het patroon echter een noodzaak om kleding op grotere schaal in productie te kunnen brengen, met het standaardiseren van kledingmaten die passend zouden zijn voor verschillende lichamen als logisch gevolg.

De diverse maatsystemen die ontwikkeld werden, kaderen in de uiteindelijke doelstelling om de massaproductie van kleding zo efficiënt mogelijk te laten verlopen, met zo weinig mogelijk economisch verlies. Haute couture en confectie bevinden zich op de beide uiteinden van een spectrum. Terwijl de eerste werkt op één specifiek lichaam, richt laatstgenoemde zich op pasvormen die een snelle productie toelaten en waarbij de verschillende maten ontwikkeld worden via gestandaardiseerde formules die het digitaal verwerken van patronen vergemakkelijken. Standaardisering, waarbij één specifieke maat draagbaar moet zijn voor een zo groot mogelijk publiek, werd een absolute noodzaak om de productiekost te drukken, waardoor de individuele wensen en noden van de klant opgaan in het groter geheel van 'de algemene vraag'. In de 20ste eeuw zag de prêt-à-porter het licht en veroverde zich een plaats tussen enerzijds de haute couture en anderzijds de confectie. Prêt-à-porter combineert een individuelere aanpak, creativiteit in ontwerp en kwaliteit in uitvoering met een productie op grotere schaal. In 2000 startte de Japanse ontwerper Issey Miyake samen met textielontwerper Dai Fujiwara het project A-POC op, een acroniem van A Piece of Cloth en tevens een woordspeling op Epoch. A-POC daagt de bestaande verhoudingen tussen lichaam en kleding uit en stelt de huidige productiemethodes

translation. Designers may work for years on a single pattern, in search of the perfect tailoring, aware of the crucial role a good patternmaker plays in the success or failure of a collection. Patternmakers do not always begin with a ready-made technical drawing. Frequently, they make do with a sketch or an atmosphere, or the garment takes shape in the process, during the many fittings with a model where, step by step, errors in the tailoring are worked out.

From an historical perspective, Frieda Sorber indicates that the dressmaker's pattern has not always filled such a central role. Patterns which have come down to us from the 16th century were primarily meant to indicate how fabric could most economically be cut and not particularly to determine the tailoring of the final garment. Patternmakers worked directly with the body of the individual client and the need to use a pattern was viewed as something to be ashamed of, rather than an indication of master craftsmanship. With the development of the sewing machine and the later rise of industrialization, the pattern became necessary for producing garments on a larger scale. The standardization of clothing sizes to fit different bodies followed as a logical consequence.

The various sizing systems that resulted were developed with the ultimate objective of efficient mass production, with minimal economic loss. Haute couture and ready-made garments are at opposite ends of the scale, the former working from a single, specific body, the latter focussing on tailoring that enables rapid production across different sizes, developed according to standard formulas that facilitate digital processing of the patterns. Standardization, so that a single, specified size can be worn by as many people as possible, is absolutely essential if production costs are to be kept down while incorporating the individual wishes and needs of the customer into the 'general demand'.
In the 20th century, prêt-à-porter saw the light of day, winning itself a place between haute couture at one end of the spectrum and mass production at the other. Prêt-à-porter combines an individualized approach, creativity in design, and high quality production standards with production on a larger scale.
In 2000, in collaboration with textile designer Dai Fujiwara, Japanese fashion designer Issey Miyake set up his project, A-POC, an acronym for A Piece of Cloth and a play on the word epoch. A-POC challenges established relationships between the body and apparel, as well as taking issue with today's production methods. Using computer-generated machinery, Miyake developed endless rolls of textiles containing ready-to-wear clothing in its entirety, including accessories and handbags. These seamless, elastic garments adapt to the body and transcend conventional principles about clothing manufacture. Pattern sections no longer need to be cut out of the cloth, nor is the pattern necessary

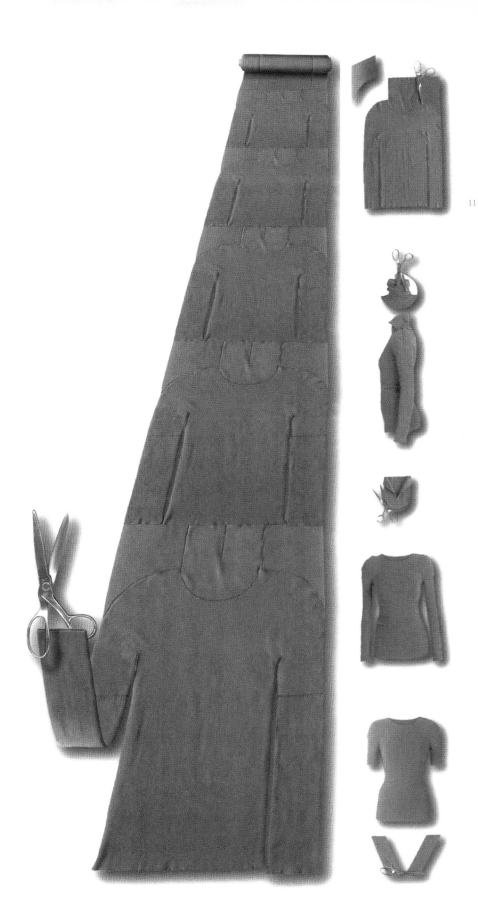

Issey Miyake & Dai Fujiwara, A-POC: 'Baguette' I Zomer I Summer 2000

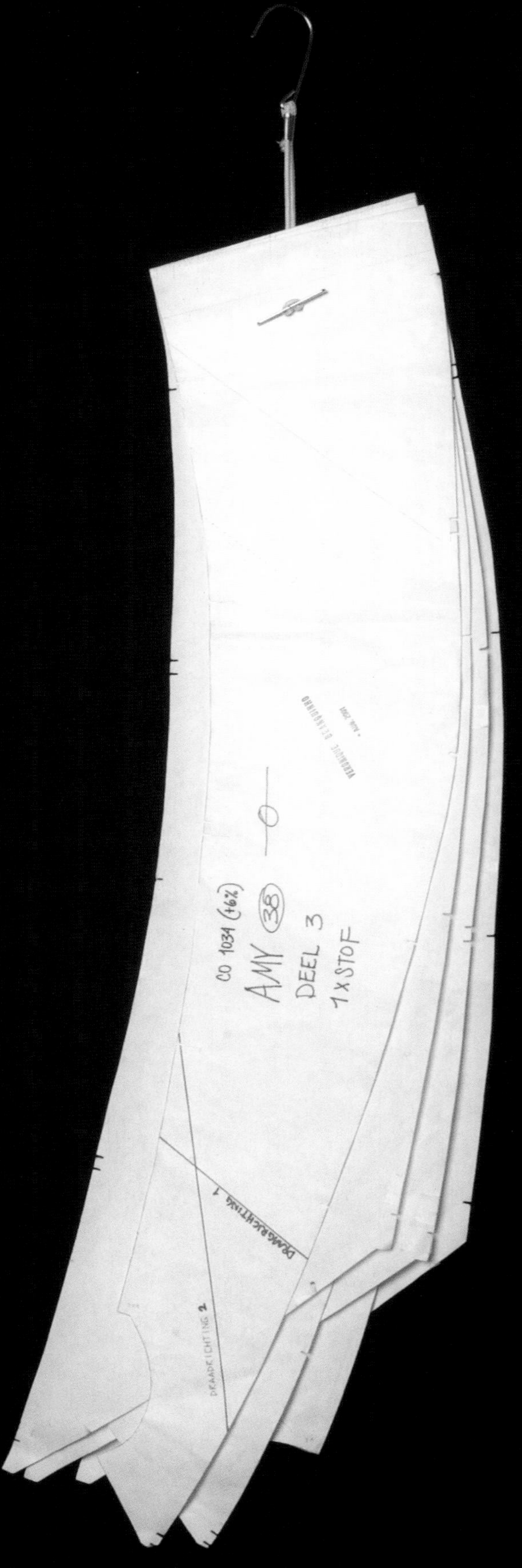

Veronique Branquinho, 'Amy' | Zomer | Summer 2002

in vraag. Aan de hand van computergestuurde machines ontwikkelde Miyake eindeloze rollen textiel die de kant-en-klare kleding, inclusief accessoires als hoed en handtas, reeds helemaal bevat. De naadloze, elastische kledingstukken passen zich aan het lichaam aan en laten de conventionele opvattingen over het maken van kleding ver achter zich. De patroondelen hoeven niet langer uit de stof gesneden te worden en evenmin is het patroon noodzakelijk om de uiteindelijke vorm van het kledingstuk te bepalen. Elk model kan in een finaal stadium 'uitgeknipt' worden in verschillende variaties, afhankelijk van de noden en wensen van de klant. Een grote mate van interactiviteit geeft de klant de kans om zowel tijdens het productieproces zijn wensen door te geven, alsook de vorm van het eindproduct te bepalen. De tentoonstelling *Patronen* plaatst dan ook drie films uit de *A-POC*-reeks tegenover opnames van pasbeurten in haute couture-huizen. Zowel *A-POC* als haute couture leveren maatwerk en plaatsen het lichaam van de klant centraal, zij het vanuit zeer verschillende uitgangspunten omtrent traditie, kleding, lichaam en technologie.

Ook Stef Franck werkt in zijn video *The Pattern of the Mysterious Circle (Speculum Complacentiae)* verder op het patroon als middel tot standaardisering en rationalisering van het menselijk lichaam, zij het vanuit een andere invalshoek. De expansie van de confectie in de jaren 1920 en 1930 leidde niet alleen tot een drang naar de standaardisering van het menselijk lichaam, maar evenzeer tot een extreme rationalisering van de menselijke beweging, met als ultieme wensdroom het zo efficiënt mogelijk maken van de werkplaats van het confectieatelier. De weerslag van deze evolutie is terug te vinden in de *speciality numbers* en *chorus lines* van de Hollywoodfilm, waar het niet langer gaat om efficiëntie maar om het spectaculariseren en ritualiseren ervan, wat samenvalt met het ineenstorten van de economie in de jaren 1930 en het daarmee corresponderende ondermijnen van het vertrouwen in efficiëntie. Een voorafspiegeling van datzelfde proces vinden we in de schermkunst waarover in de Renaissance handboeken werden gemaakt om de steeds geraffineerder wordende bewegingen te onderrichten en door te geven. Uitgangspunt is een geloof in een schermkunst die gebaseerd is op de lichamelijke proporties van de man. Een aantal van deze handboeken streven ernaar een notatie analoog aan die van de muziek te ontwerpen. Het perfectioneren van dergelijke systemen leidde uiteindelijk tot de onmogelijkheid om alle variaties in kaart te brengen. Het systeem wordt zo ingewikkeld dat het tenslotte volstrekt nutteloos wordt, net zoals de utilitaristische observatietechnieken van de jaren 1920 – voor een stuk althans – zichzelf opheffen in het exces van de musical.

Centraal in de tentoonstelling staan 25 kledingstukken, die samen met hun patroon getoond worden in een scenografie

to determine the ultimate form of the garment. Each piece can be 'cut out' in the final stage and in differing variations, depending on the needs and desires of the customer. During the production process, a high degree of interactivity gives customers the chance to indicate their wants, and to determine the form of the final product. In the *Patterns* exhibition, three films of the *A-POC* series are juxtaposed with films of fitting sessions in haute couture fashion houses. Both *A-POC* and haute couture produce made-to-order items, with the body of the individual customer at the centre of the process, but they do so from very different standpoints in terms of tradition, attire, the body, and technology.

The Pattern of the Mysterious Circle (Speculum Complacentiae), the video by Stef Franck further investigates the pattern as a means of standardizing and rationalizing the human body, albeit from a different perspective. The expansion of the garment industry in the 1920s and 1930s led not only to the need for standards in respect of body size but equally to an extreme rationalization of human movement, the ultimate goal being the efficient operation of the factory floor. The effects of this evolution appeared in the 'specialty numbers' and chorus lines in Hollywood films which were more about spectacle and ritual than efficiency, with faith in the latter being undermined with the economic collapse of the 1930s. An earlier example of this same process can be found in the art of fencing during the Renaissance, when guide books were developed to convey increasingly refined movements. The theory was rooted in the belief that this art should be based on the proportions of the male body. Several of these books attempted to develop a form of notation analogous to notation in music. The perfection of such systems led to the ultimate impossibility of recording all the variations. The system became so complicated as to become useless, as did the utilitarian observation techniques of the 1920s, which – in part at least – nullify themselves in the excesses of the musical.

At the core of this exhibition are 25 articles of clothing, shown together with their patterns in a setting designed by Bob Verhelst. *Patterns* is an introduction to the historical aspects of the dressmaking pattern, as well as to the cultural nuances manifested within the pattern itself. Several patterns by contemporary Japanese designers, for example, reveal the traces of a tradition that handles the processing of fabric and the making of apparel in a very different manner to our own Western tradition. A traditional Japanese garment, such as the kimono, is not cut to produce a given shape, but is made up of a number of long rectangles, subsequently shaped with the help of pleats. In terms of the construction of a silhouette, for example, Yohji Yamamoto's dress inclines towards Western tradition. Its under garment refers to the *toile*[1] of Western couture, with horizontal red

British Vogue, 1951

Busby Berkeley, '42nd Street', 1933

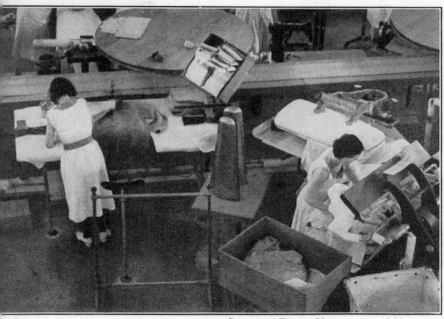

Courtesy of Factory Management and Maintenance

G. 168. Layout of the work place showing the position of the ironer and the finisher. This is the improved method.

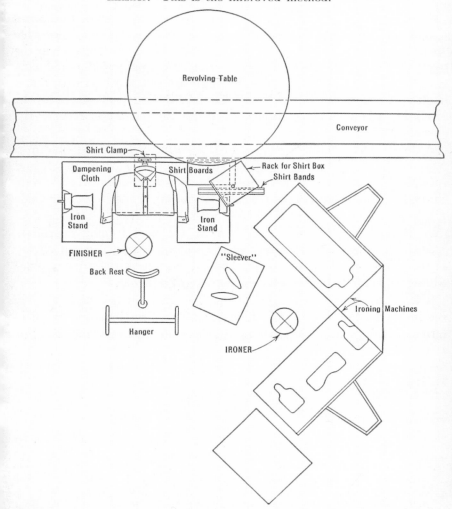

Fɪɢ. 169. Layout of the work place showing the arrangement of the finisher's table.

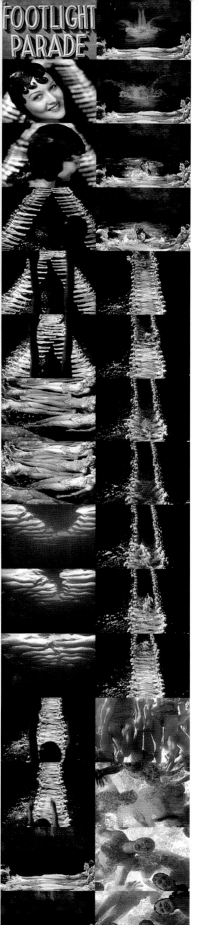

Links I Left: Ralph Barnes, 'Motion & Time Study', New York, 1952

Rechts I Right: Busby Berkeley, 'The Footlight Parade', 1933

van Bob Verhelst. *Patronen* geeft een inleiding op de historische aspecten van het patroon, alsook de verschillende culturele nuances die zich hierin manifesteren. Zo vertonen de patronen van een aantal Japanse hedendaagse ontwerpers nog steeds de sporen van een traditie die heel anders omgaat met het verwerken van stof en het maken van kledij dan onze westerse traditie. Een traditioneel Japans kledingstuk zoals de kimono wordt niet in vorm geknipt, maar bestaat uit een aantal langwerpige rechthoeken, die in vorm gebracht worden d.m.v. plooien. De jurk van Yohji Yamamoto bijvoorbeeld leunt wat de silhouetopbouw betreft aan bij de westerse traditie. De onderjurk refereert aan de toile[1] uit de westerse couture-traditie, met rode horizontale aanduidingen voor borst, taille en heup, en zwarte verticale lijnen op de plaatsen waar de nepen en naden zich bevinden; met de zwarte voile in het decolleté als knipoog naar de 'modestie'[2] uit het begin van de 20ste eeuw. De coupe van het bovenkleedje, opgebouwd uit vier rechthoekige stroken, leunt daarentegen duidelijk aan bij de Japanse traditie. De jurk suggereert een ingewikkelde constructie, maar de uiteindelijke patroondelen verbazen door hun eenvoud en soberheid.

De patronen van de jas van Romeo Gigli en de blouse van Angelo Figus getuigen van eenzelfde eenvoud. Ook hier vertrekt het basispatroon vanuit de rechthoek, waarbij d.m.v. plooien en kleine draaiingen in de stof het kledingstuk zijn uiteindelijke vorm krijgt. Het resultaat is, in tegenstelling tot de strakke lijnen die de patronen suggereren, volumineus; het silhouet niet verstoken van enig gevoel voor drama, wat meteen de Italiaanse roots van beide ontwerpers verraadt.

Minimale patronen zien we ook terugkeren bij Patrick Van Ommeslaeghe, Ann Demeulemeester en Veronique Branquinho. Eenvoudige basisvormen zijn het uitgangspunt en lijken op zeer natuurlijke wijze aansluiting te vinden bij het lichaam waarvoor ze gemaakt worden, met een groot respect voor de morfologie van de toekomstige drager. *What you see is what you get!* Hier geen inventieve ingrepen in de coupe, die het lichaam beter doen uitkomen. Dergelijke coupe-aanpassingen lijken typisch te zijn voor een oudere haute couture-traditie. Hierbij denk ik bijvoorbeeld aan het klassieke Dior-silhouet uit de jaren 1950, dat door kleine ingrepen zoals het lichtjes verbreden of benadrukken van de schouderlijn, het verhogen en dus versmallen van de taille en tenslotte het benadrukken van de heupen door een groter volume in de rok, elke vrouw een flatterend figuur geeft.

Onder de Belgische ontwerpers is het Martin Margiela die het productieproces achter het kledingstuk consequent in zijn hele oeuvre heeft gethematiseerd. *Patronen* focust op twee collecties, die conceptueel zeer nauw aansluiten bij de uitgangsideeën van de tentoonstelling. De stukken uit de semi-couture-collectie van 1997 hebben als basisvorm de pasvorm van een oude Stockman-buste. Verschillende elementen die verwijzen naar de opeenvolgende stadia van het productieproces, zoals bijvoorbeeld onderdelen van een toile, wor-

lines for the bust, waist, and hip, and black vertical lines indicating where darts and seams are located. The black voile in the décolleté is a tongue-in-cheek reference to the 'modesty'[2] of the early 20th century. On the other hand, the tailoring of the outer garment, made from four rectangular strips, clearly suggests Japanese tradition. The dress seems to imply a complicated construction, but the actual pattern pieces are surprisingly sober and simple.

The patterns used for Romeo Gigli's jacket and Angelo Figus's blouse also demonstrate comparable simplicity. Here, too, the pattern is based on the rectangle, the ultimate form of the garment being created with the help of pleats and small tucks in the fabric. Unlike the severe lines suggested in the pattern, the result is voluminous, the silhouette not eschewing a sense of drama, which immediately reveals the Italian roots of both designers.

We also find minimalist patterns in the work of Patrick Van Ommeslaeghe, Ann Demeulemeester, and Veronique Branquinho. They are based on simple, fundamental forms and, in a very natural way, they seem to find a real connection to the body for which they were made, with great respect for the morphology of their future wearers. *What you see is what you get!* Here, there are no inventive interventions in the tailoring better to flatter the body. Such adaptations in tailoring appear to characterize an older, haute couture tradition. I recall, for example, the classic 1950s Dior silhouette, which flattered every woman's figure by way of small interventions such as a subtle widening or accentuation of the shoulder line, the raising and consequently narrowing of the waistline, and, finally, an emphasis on the hips through added volume in the skirt.

Amongst Belgian designers, Martin Margiela has consistently incorporated the production process of the garment as a theme in his work. *Patterns* focuses on two of Margiela's collections, which in conceptual terms are very closely linked to the theoretical ideas underlying this exhibition. The designs from his 1997 semi-couture collection were all fitted to an old Stockman bust. Various elements referring to the successive stages of the production process – sections of the toile, for example – were pinned onto the bust. Jackets were given a masculine shoulder line. The inside of the prototype was then replaced by a second structure, with a feminine shoulder line. Sleeves were removed, revealing shoulder padding for both masculine and feminine tailoring. Slim dresses with hidden zippers adapt to the figure of the wearer, depending on how far the zipper is left open or closed. Here, it is the body that shapes the garment.

Margiela's 1998 summer collection is made up of a series of *flat garments*. When they are not being worn, they seem to retain the two-dimensional structure of the paper pattern. A jacket is presented on a hanger. The sleeves do not hang alongside but flat, to the front. The final three-dimensional form only appears when the piece is donned by the wearer.

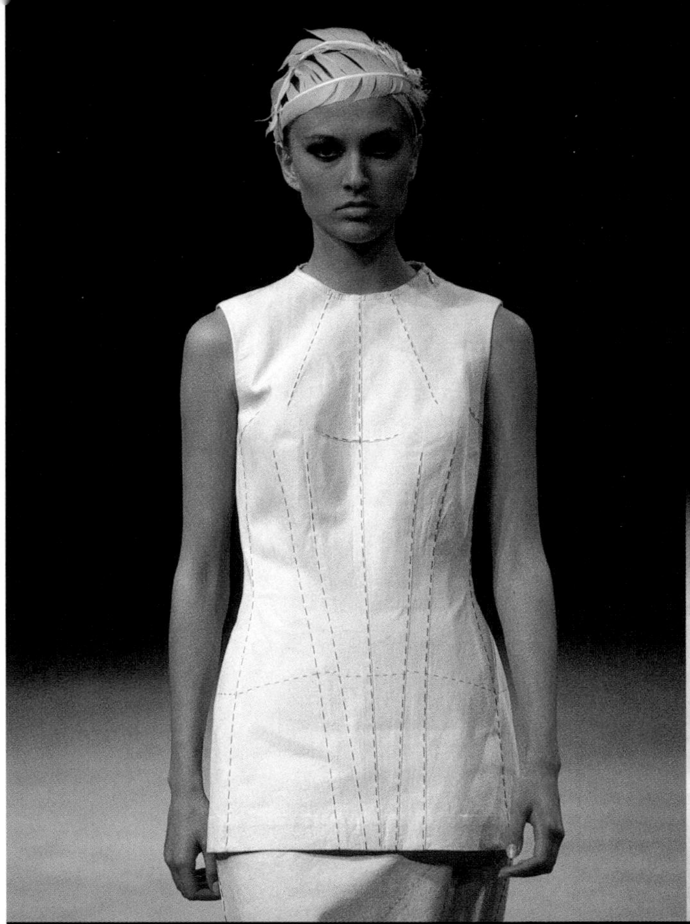

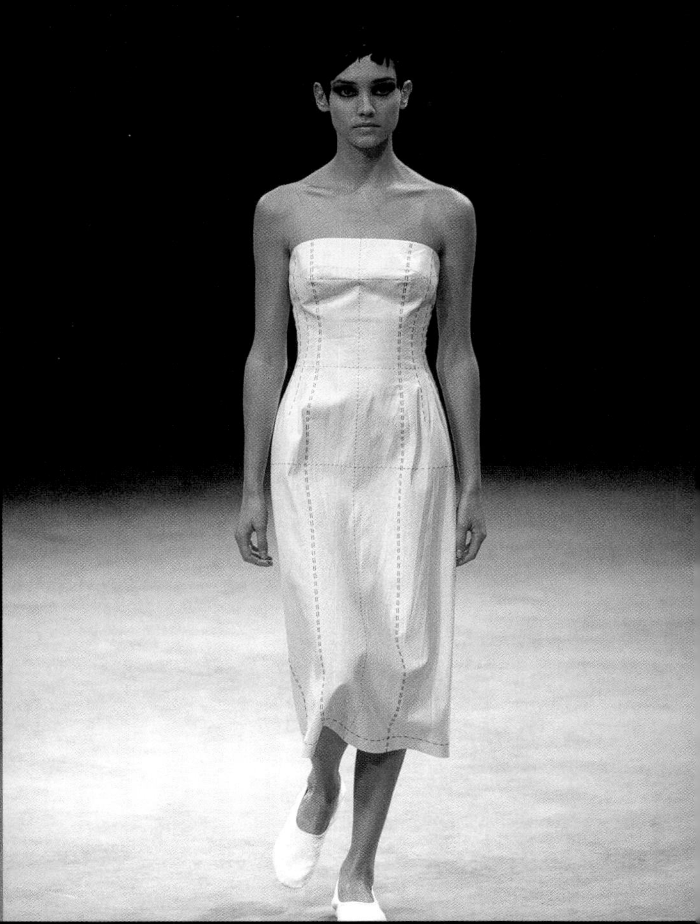

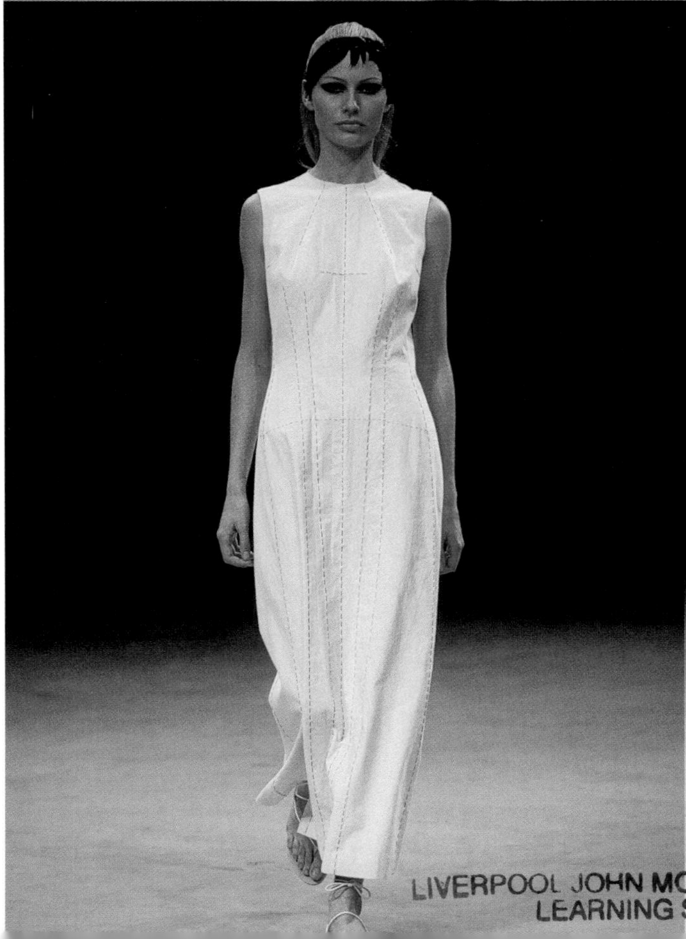

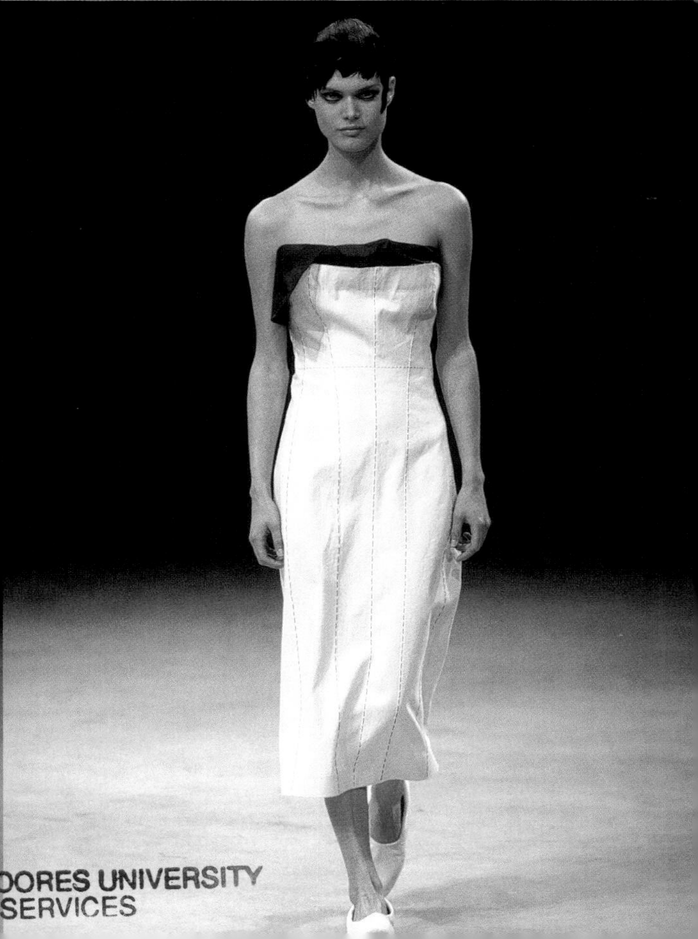

TENUE (28) +PULL

Maison Martin Margiela I Zomer I Summer 1997, linksonder I bottom left: Zomer I Summer 1998

den op de buste vastgepind. Jasjes krijgen een mannelijke schouderlijn, waarna vervolgens de binnenkant van het prototype vervangen wordt door een tweede structuur met vrouwelijke schouderlijn. Door het verwijderen van de mouwen worden de schoudervullingen van zowel de mannelijke als vrouwelijke pasvorm zichtbaar. Smalle jurken met verborgen ritssluitingen passen zich aan het lichaam van de drager aan, naargelang de ritssluiting meer of minder wordt opengezet. Het lichaam legt hier de vorm aan het kledingstuk op.

Margiela's zomercollectie uit 1998 bestaat uit een reeks *flat garments*. Niet gedragen lijken de stukken de tweedimensionale structuur van het papieren kledingpatroon te bewaren. Een jasje wordt gepresenteerd op een kapstok waarbij de mouwen niet langszij hangen, maar plat op het voorpand. Pas wanneer het jasje effectief wordt aangetrokken, verschijnt de eigenlijke driedimensionale vorm.

Tenslotte toont *Patronen* foto's van de Franse kunstenares Nicole Tran Ba Vang, waaronder vijf nieuwe werken, die gemaakt werden in opdracht van het MoMu. Lichaam en kledingstuk vallen in haar foto's samen en creëren een silhouet dat vervreemdt. Het lichaam wordt hier voorgesteld als de ultieme plaats van creatie, maar het uiteindelijke resultaat toont ook de paradox en de onmogelijkheid ervan. Het werk van Tran Ba Vang bestaat uit foto's waarbij de 'huid' van een model wordt aangewend als kledingstuk voor een tweede model. De naaktheid van het ene model wordt gebruikt om de naaktheid van een tweede te verhullen. De T-shirts, bh's, jasjes... zijn niet langer gemaakt uit wol of katoen, maar uit een huid met borsten, schoonheidsvlekjes... In Tran Ba Vangs nieuwe serie *Collection Automne-Hiver 2003-4* gaan de lichamen van de modellen op in het decor waarin ze verschijnen. Een harmonie die tegelijkertijd totaal en paradoxaal is.

Kaat Debo

Finally, the exhibition presents photographs by the French artist, Nicole Tran Ba Vang, including five new works commissioned by the MoMu for this exhibition. In her photographs, body and garment flow into one another, creating a silhouette with an alienating effect. The body is presented as the ultimate place for creation, but the final result also shows the paradox and its inherent impossibility. Tran Ba Vang's work includes photographs in which the 'skin' of one model is taken over to clothe a second model. The nakedness of the one is used to cover the nakedness of the other. T-shirts, brassieres, jackets, and so on are no longer made of wool or cotton, but of skin with breasts, beauty marks, etc. The bodies of the models in Tran Ba Vang's new series, *Collection Automne-Hiver 2003-4*, are absorbed into the décor of their setting. It is a harmony that is at once total and paradoxical.

Kaat Debo

VOETNOTEN

1. De toile is het proefstuk dat in baalkatoen wordt uitgevoerd, alvorens het stuk in de definitieve stof wordt geknipt.
2. De 'modestie' is een stuk voile of katoen dat zedig het damesdecolleté bedekt en werd vooral in het begin van de 20ste eeuw gedragen. In de 19de eeuw zat de kuisheid al in het decolleté ingebakken of droeg men een gimp of halfhemdje.

LITERATUUR

Deborah Fausch, *Architecture: In Fashion*, Princeton Architectural Press, New York, 1994.
Noriko Kojima, *Street Magazine Maison Martin Margiela Special Volumes 1 & 2*, Idea Books, Amsterdam; Street Editorial Office, Tokyo, 1999.
Mateo Kries, *A-POC Making: Issey Miyake & Dai Fujiwara*, Vitra Design Museum GmbH, Weil am Rhein, 2001.

FOOTNOTES

1. The toile is the first, temporary version of the garment, basted together in raw cotton. Adjustments and corrections are made to the toile before the final garment segments are cut from the definitive fabric.
2. The 'modesty' was a piece of voile or cotton that demurely covered a lady's bustline. It was worn primarily at the beginning of the 20th century. In the 19th century, the element of chastity was already incorporated in the décolleté, or women wore an additional undergarment.

LITERATURE

Deborah Fausch, *Architecture: In Fashion*, Princeton Architectural Press, New York, 1994.
Noriko Kojima, *Street Magazine Maison Martin Margiela Special Volumes 1 & 2*, Idea Books, Amsterdam; Street Editorial Office, Tokyo, 1999.
Mateo Kries, *A-POC Making: Issey Miyake & Dai Fujiwara*, Vitra Design Museum GmbH, Weil am Rhein, 2001.

Tabula I.

22

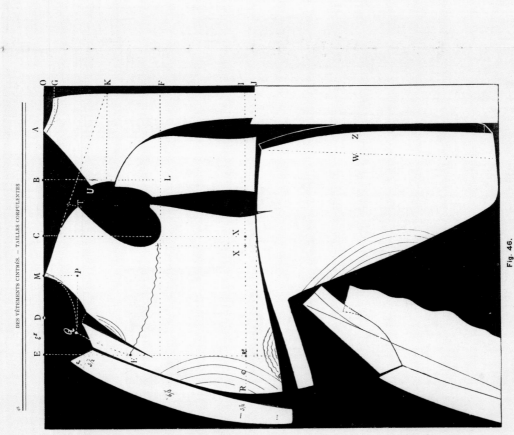

Fig. 48.

Fig. 47.

Ventru

HABIT 56/62

Une conformation très courante est celle présentée par la figurine ci-dessus. C'est celle d'un homme vraiment ventru, à la taille creuse et au dos rond.

MESURES : 47   22   20 ½   36   26   58   25   **56**   **62**

Particularités :

On incline la ligne du milieu du dos au point G, mais on conserve la largeur à l'encolure. On avance donc l'encolure dans la direction commencée.

Un suçon est placé dans la cassure du revers pour en garantir la rondeur. Ce suçon est coupé rond et assez long, afin que l'on puisse rentrer un peu cette rondeur et former ainsi le bombé nécessaire pour la poitrine. On sait qu'il ne faut rien ajouter aux grosseurs de poitrine ni de taille. Du reste, le tracé du corsage ci-dessus indique le rétrécissement à faire pour le corsage d'habit.

Le terrain ombré est le corsage d'habit et le corsage qui dépasse dans le bas et dans l'encolure est celui d'un corsage ordinaire, qui peut servir soit pour la jaquette, soit pour la redingote. Il ne sera donc pas difficile de tracer d'après ces mesures aussi bien la **jaquette** et la **redingote** que l'habit.

Fig. 46.

HET PATROON: EEN OVERZICHT

THE PATTERN: AN OVERVIEW

INLEIDING

Een knippatroon is als het ware een katalysator tussen het driedimensionale kledingstuk en de tweedimensionale stof. De voorbije vierhonderd jaar is het knippatroon in de westerse wereld geëvolueerd van een hulpmiddel om luxueuze kleding op individuele lichaamsvormen af te stemmen tot een noodwendigheid voor de ontwikkeling van de confectie-industrie in de 19de en 20ste eeuw.[1]

Het bescheiden papieren patroon trekt zelden de aandacht van mensen die niet direct met de technische kanten van het kleermakersvak bezig zijn. De geschiedenis ervan is al even ongrijpbaar als het efemere object zelf. De oudste patronen die op ware grootte overgeleverd zijn, dateren uit het midden van de 19de eeuw. Het betreft papieren knippatronen die in modetijdschriften zaten. Uit de late 16de eeuw zijn enkele patronen op verkleind formaat bewaard gebleven: zij waren bedoeld om aan te tonen hoe de patroononderdelen op een stuk stof moesten worden gelegd.

De ontwikkeling van de papiervormen of patronen voor kleding hangt nauw samen met de kledingtypes die in een bepaalde cultuur gangbaar zijn. Een hoofdkenmerk van de westerse manier van 'kleden' is de opkomst van kledingstukken die speciaal gesneden zijn om de lichaamsvormen tot hun recht te laten komen. In de 12de en 13de eeuw kwam nauw aansluitende kleding voor mannen en vrouwen in zwang. Eerst werden de kledingstukken gewoon aan hun doel aangepast met externe middelen zoals rijgsnoer en ceintuur, maar weldra werd het model van het kledingstuk complexer en deden op maat gemaakte lijfjes, wambuizen, hozen en hoofddeksels bij de kleermakers de behoefte ontstaan om een pasvorm te maken die op de individuele drager afgestemd was. Omdat de meeste kleren uit rechthoekige lappen stof vervaardigd werden, met weinig of geen elasticiteit, moesten de kleermakers nieuwe vaardigheden voor het knippen en naaien van kledingstukken verwerven.

In de meeste niet-westerse beschavingen zijn kledingstukken heel ruim gesneden en is de individuele pasvorm doorgaans weinig belangrijk. In veel culturen demonstreert de kleermaker zijn vaardigheid niet zozeer in de snit van het gewaad, dan wel in de afwerking met kunstige motieven die de randen en naden van het kledingstuk sieren en de tekening van

INTRODUCTION

A dressmaking pattern can be seen as a catalyst between the three-dimensional garment and the two-dimensional fabric. In the western world of the last four centuries, dressmaking patterns have evolved from an adjunct of luxury costumes adapted to the shape of an individual body to a sheer necessity for development of the ready-made clothing industry in the 19th and 20th centuries[1].

The humble paper pattern has seldom received any attention from people not directly involved with the technicalities of clothing production. The history of the paper pattern is almost as elusive as the ephemeral nature of the object itself. The oldest full scale clothing patterns to survive are the mid-19th-century paper patterns included in fashion magazines. A few small-scale patterns indicating how to lay out pattern pieces on a length of fabric survive from the late 16th century.

The development of paper templates or patterns for clothing is closely linked to the types of garments used in particular cultures. One of the main characteristics of western clothing is the emergence of garments cut to reveal the shape of the body underneath. Body hugging garments evolved for both men and women in the 12th and 13th centuries. At first, garments often achieved their purpose by means of external elements like laces or belts. Soon, however, the pattern of the garment itself became more complex, and tailored bodices, doublets, hose, and head coverings confronted tailors with the need to achieve a fit adapted to the individual wearer. Since most garments were made from rectangular fabrics, with little or no stretch, tailors had to develop new skills in cutting and sewing them.

In most non-western cultures, garments are cut very wide and individual fit is often less important. In many cultures, the skill of the tailor is expressed, not so much in the cut of the garment but in the elaborate finishing designs which decorate the seams of garments and complement the designs of fabrics. Clothing patterns and sizes are often closely linked to the widths and lengths of fabrics available. Cutting a garment without waste of fabric is relatively easy. Patterns are not a necessity.

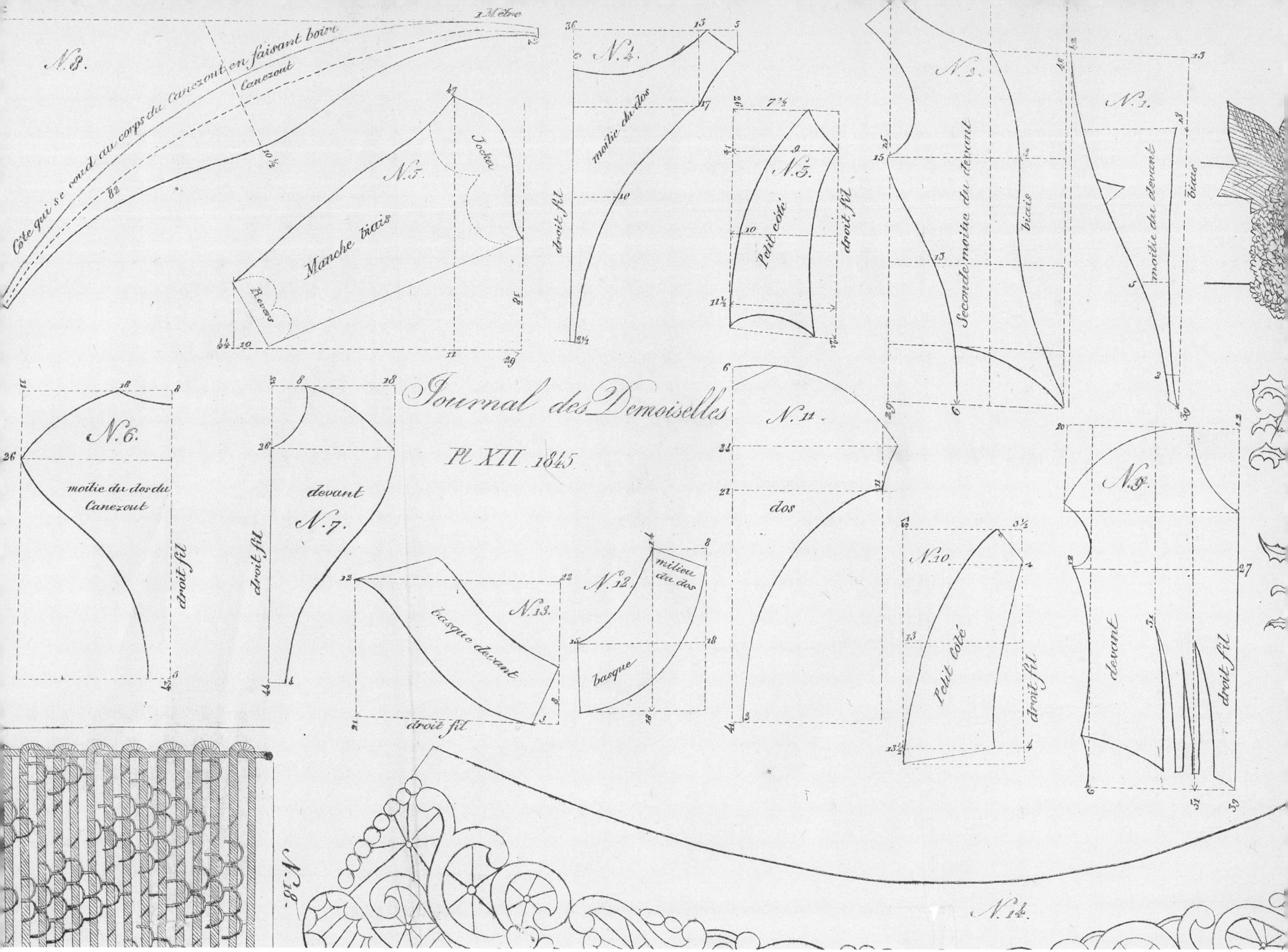

'Journal des dames et demoiselles', Parijs-Brussel ‖ Paris-Brussels, 1845

Journal des Demoiselles

Pl XII 1845

N.1 — moitié du devant — biais

N.2 — Seconde moitié du devant — biais

N.9 — droit fil — devant

N.10 — droit fil — Petit côté

N.3 — droit fil — Petit côté

N.11 — dos

N.4 — moitié du dos — droit fil

N.12 — milieu du dos — basque

N.13 — basque devant — droit fil

N.5 — Jocket — Manche biais — Revers

N.8 — 1 Mètre — Ce qui se coud au corsage corselet en faisant hour — Canezout

N.7 — devant — droit fil

N.6 — moitié du dos — Canezout — droit fil

N.14

N.18

HET PATROON: EEN OVERZICHT

THE PATTERN: AN OVERVIEW

INLEIDING

Een knippatroon is als het ware een katalysator tussen het driedimensionale kledingstuk en de tweedimensionale stof. De voorbije vierhonderd jaar is het knippatroon in de westerse wereld geëvolueerd van een hulpmiddel om luxueuze kleding op individuele lichaamsvormen af te stemmen tot een noodwendigheid voor de ontwikkeling van de confectie-industrie in de 19de en 20ste eeuw.[1]

Het bescheiden papieren patroon trekt zelden de aandacht van mensen die niet direct met de technische kanten van het kleermakersvak bezig zijn. De geschiedenis ervan is al even ongrijpbaar als het efemere object zelf. De oudste patronen die op ware grootte overgeleverd zijn, dateren uit het midden van de 19de eeuw. Het betreft papieren knippatronen die in modetijdschriften zaten. Uit de late 16de eeuw zijn enkele patronen op verkleind formaat bewaard gebleven: zij waren bedoeld om aan te tonen hoe de patroononderdelen op een stuk stof moesten worden gelegd.

De ontwikkeling van de papiervormen of patronen voor kleding hangt nauw samen met de kledingtypes die in een bepaalde cultuur gangbaar zijn. Een hoofdkenmerk van de westerse manier van 'kleden' is de opkomst van kledingstukken die speciaal gesneden zijn om de lichaamsvormen tot hun recht te laten komen. In de 12de en 13de eeuw kwam nauw aansluitende kleding voor mannen en vrouwen in zwang. Eerst werden de kledingstukken gewoon aan hun doel aangepast met externe middelen zoals rijgsnoer en ceintuur, maar weldra werd het model van het kledingstuk complexer en deden op maat gemaakte lijfjes, wambuizen, hozen en hoofddeksels bij de kleermakers de behoefte ontstaan om een pasvorm te maken die op de individuele drager afgestemd was. Omdat de meeste kleren uit rechthoekige lappen stof vervaardigd werden, met weinig of geen elasticiteit, moesten de kleermakers nieuwe vaardigheden voor het knippen en naaien van kledingstukken verwerven.

In de meeste niet-westerse beschavingen zijn kledingstukken heel ruim gesneden en is de individuele pasvorm doorgaans weinig belangrijk. In veel culturen demonstreert de kleermaker zijn vaardigheid niet zozeer in de snit van het gewaad, dan wel in de afwerking met kunstige motieven die de randen en naden van het kledingstuk sieren en de tekening van

INTRODUCTION

A dressmaking pattern can be seen as a catalyst between the three-dimensional garment and the two-dimensional fabric. In the western world of the last four centuries, dressmaking patterns have evolved from an adjunct of luxury costumes adapted to the shape of an individual body to a sheer necessity for development of the ready-made clothing industry in the 19th and 20th centuries[1].

The humble paper pattern has seldom received any attention from people not directly involved with the technicalities of clothing production. The history of the paper pattern is almost as elusive as the ephemeral nature of the object itself. The oldest full scale clothing patterns to survive are the mid-19th-century paper patterns included in fashion magazines. A few small-scale patterns indicating how to lay out pattern pieces on a length of fabric survive from the late 16th century.

The development of paper templates or patterns for clothing is closely linked to the types of garments used in particular cultures. One of the main characteristics of western clothing is the emergence of garments cut to reveal the shape of the body underneath. Body hugging garments evolved for both men and women in the 12th and 13th centuries. At first, garments often achieved their purpose by means of external elements like laces or belts. Soon, however, the pattern of the garment itself became more complex, and tailored bodices, doublets, hose, and head coverings confronted tailors with the need to achieve a fit adapted to the individual wearer. Since most garments were made from rectangular fabrics, with little or no stretch, tailors had to develop new skills in cutting and sewing them.

In most non-western cultures, garments are cut very wide and individual fit is often less important. In many cultures, the skill of the tailor is expressed, not so much in the cut of the garment but in the elaborate finishing designs which decorate the seams of garments and complement the designs of fabrics. Clothing patterns and sizes are often closely linked to the widths and lengths of fabrics available. Cutting a garment without waste of fabric is relatively easy. Patterns are not a necessity.

de stof aanvullen. Modellen en maten van kleding houden dikwijls verband met de breedte en lengte van de beschikbare stoffen. Het is in zo'n geval vrij eenvoudig om een kledingstuk zuinig, zonder verspilling, uit de stof te snijden; een knippatroon is daarbij niet noodzakelijk.

16DE EEUW: GEOMETRIE UIT SPANJE, HET ONTSTAAN VAN DE CONFECTIEKLEDING

De 16de eeuw was voor Europa een periode van verandering. De Renaissance kenmerkte zich door een intense belangstelling voor de mens als individu. De mode en de vele daarmee verbonden nijverheden ondergingen ingrijpende wijzigingen die voor het eerst in de Europese geschiedenis louter ter wille van zichzelf werden opgetekend. Onder de nieuwe nijverheden die toen opkwamen, was de kantindustrie heel belangrijk. Oude industrieën begonnen nieuwe producten te fabriceren. De middeleeuwse wollen lakenstof werd door nieuwe soorten wollen weefsels verdrongen. Voor het eerst werden bedrukte katoenstoffen uit het oosten op de westerse markten verkocht.

Voor de kleermakers betekende dat een aanpassing aan nieuwe kledingstijlen en materialen. De verspreiding van de boekdrukkunst werkte de vulgarisering van kennis in de hand. Juan de Alcega's *Libro de Geometria, Pratica y Traça* verscheen in 1580[2] en was het eerste boek over de kleermakerskunst. De Madrileense uitgever ervan, Guillermo Drouy, bezorgde al in 1589 een tweede editie. In het begin van de 17de eeuw verschenen er in Spanje nog meer kleermakersboeken. De eerste verhandeling over de kunst van het kleren maken, *Le tailleur sincère* van Benoist Boullay, die niet in Spanje tot stand kwam, dateert uit 1671 en werd in Parijs uitgegeven.

Omstreeks die tijd had Frankrijk op het gebied van de mode de leiding genomen. De Spaanse vaktermen die in heel Europa gebruikelijk waren, werden vervangen door Franse woorden aangezien de kledingstijl door Frankrijk geïnspireerd werd.

Of in de 16de en 17de eeuw knippatronen op ware grootte werden gebruikt om kleren te snijden, blijft een onbeantwoorde vraag. De patroonschikkingen in kleermakersboeken dienden om de kleermaker te helpen de stof zo zuinig mogelijk te snijden en verspilling te vermijden. Kleermakers die voor de rijke klasse werkten, baseerden zich op de maten die ze van hun klanten hadden genomen en knipten de kleren waarschijnlijk direct volgens die maten. Mogelijk gebruikten zij ook wel eens een oud kledingstuk dat ze uit elkaar haalden om naar dat model een nieuw te snijden.

Een onderdeel van een lijfje dat in de laat-16de-eeuwse afvalput van een kleermakershuis in Antwerpen[3] werd gevon-

THE 16TH CENTURY: GEOMETRY OF SPAIN AND THE BIRTH OF READY-MADE CLOTHING

In Europe, the 16th century is a time of change. The Renaissance brings an absorbing interest in man as an individual. Fashion and the many industries behind it experience major changes which for the first time in European history are recorded in their own right. New industries emerge, lace making a notable one. Old industries start making new products. Medieval woollen cloth is superseded by new types of wool fabrics. Printed cottons from the East appear for the first time in western markets.

Tailors have to adapt to new styles of clothing and to new materials. The development of book printing acts as a stimulus to disseminate knowledge. Juan de Alcega's *Libro de Geometria, Pratica y Traça* is the first book published on the tailor's art. The first edition dates from 1580[2]. The publisher, Guillermo Drouy of Madrid, prints a second edition in 1589. More tailor's books appear in Spain in the early 17th century. The first non Spanish treatise on the art of tailoring, *Le tailleur sincère*, appears in Paris in 1671.

At that time, France had taken the lead in matters of fashion and the Spanish fashion terms commonly used throughout Europe were replaced by French terms and French inspired garments.

It remains a question whether full scale patterns were used to cut clothing in the 16th and 17th centuries. The pattern layouts in the tailor's books are provided to guide the tailor to avoid waste while cutting. Tailors working for the higher classes probably relied on measurements taken from their clients and then cut garments directly from those measurements. Occasionally they may have used old garments taken apart, to cut new ones.

A section of a bodice, found in a late 16th-century waste pit from a house occupied by a tailor in Antwerp[3], may have served that purpose. Other finds from the same pit include snippets of new fabrics, left after cutting.

The poorer classes could not afford made-to-measure clothing and had to make do with used or ready-made items. The 16th-century Antwerp tailors' guild had tailors who made garments 'op de koop'. Since they made a series of garments using the same shapes and sizes, they may have had templates or patterns to lay out on the fabric. No evidence survives, but the fact that 18th-century publications still mention that a really good tailor did not use a pattern, strongly points in the direction of the pattern emerging as an aid to manufacture cheap clothing.

Ropa de paño para muger. ✠ bbb |bb|

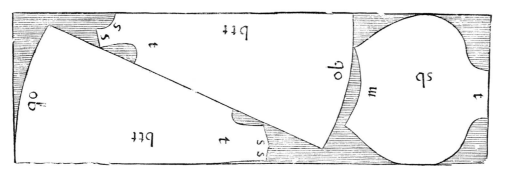

P A R A Cortar esta ropa de paño, sera necessario cortar de la parte de nuestra mano iz-
quierda por el lomo la delantera desta ropa, y del costado de la delantera se cortara la trasera pie a cabeça con la delantera, y de nuestra mano derecha salen las mangas pelo abaxo, y
en los medios salen los collares, y tablas de mangas, y los demas recados necessarios para
esta ropa. La espalda desta ropa va pelo arriba: y lleua de largo bara y dos tercias por esta
traça.

Capa, y ropilla de raxa. ✠ bbbbQ |btt|

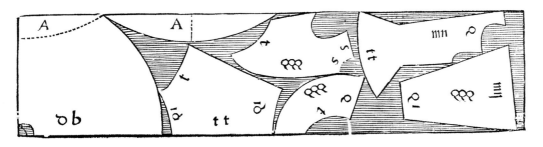

L A Delantera desta capa, se entendera que esta doblada sobre la trasera; y demas de los
largos de la capa sale por el lomo de la raxa la capilla y faldamentos delanteros y mangas, y por las orillas salen las camas de la capa, y quartos delanteros, y espalda desta ropilla: y
en los medios ay recado para este vestido, como parece por esta traça presente.

Capa y ropilla de paño. ✠ bbbS |bb|

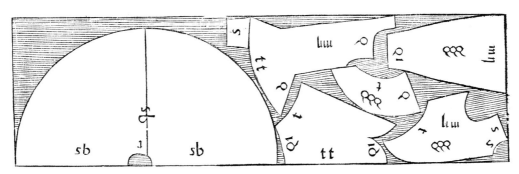

P A R A Cortar esta capa y ropilla de paño, sera necessario sacar por el lomo del paño la
capa con su capilla, y los quartos delanteros; y por las orillas salen mangas y espalda; y las
despuntaduras, y el paño que ay en los medios sera para ribete.

Juan de Alcega, 'Tailor's Pattern Book', 1589   25

Journal des Demoiselles

Pl XII. 1845

N.º 1. moitié du devant biais

N.º 2. Seconde moitié du devant biais

N.º 3. Petit côté droit fil

N.º 4. moitié du dos droit fil

N.º 5. droit fil devant

N.º 9. Petit côté droit fil

N.º 10. Petit côté droit fil

N.º 11. dos

N.º 12. milieu du dos basque

N.º 13. basque devant droit fil

N.º 3. Jocka Manche biais Revers

N.º 7. devant droit fil

N.º 6. moitié du dos du canezou droit fil

N.º 8. Chaque se coud avec celui du premier rang en faisant boire. Canezou

N.º 14.

N.º 18.

den, kan daartoe gediend hebben. Andere vondsten in dezelfde kuil omvatten restjes 'nieuwe' stof die na het knippen overgebleven waren.

De arme bevolkingsgroepen konden zich geen maatkleding veroorloven en moesten het stellen met afgedragen en kant-en-klare kledingstukken. In de 16de eeuw maakten sommige kleermakers van de Antwerpse kleermakersgilde kleren 'op de koop'. Omdat ze reeksen kledingstukken met dezelfde vorm en grootte vervaardigden, is het best mogelijk dat ze over vormplaten of patronen beschikten om op de stof te leggen. Het bewijs daarvan is niet bewaard gebleven maar het feit dat 18de-eeuwse publicaties vooropstellen dat een echt goede kleermaker geen patronen gebruikte, doet toch heel sterk vermoeden dat het knippatroon al enige tijd een courant hulpmiddel was bij het vervaardigen van goedkope kleren.

18DE EEUW: DE PRECIEZE BESCHRIJVING VAN HET AMBACHT, HET TIJDVAK VAN DE ENCYCLOPEDISCHE KENNIS

De 18de-eeuwse wetenschapper stelde veel belang in een accurate beschrijving en classificatie van de wereld.
Frankrijk was koploper wat de uitgave van encyclopedieën over kunsten en ambachten betreft. In 1750 publiceerden Diderot en d'Alembert de monumentale *Encyclopédie des arts et des métiers*. Hun werk betekende een impuls voor specialisten in menig vakgebied om hun specifieke kennis samen te bundelen zodat de gedetailleerde beschrijving van de kunsten en ambachten in het 18de-eeuwse Frankrijk kon worden doorgegeven aan latere generaties. In 1785 verscheen in Parijs de door Roland de la Platière samengestelde *Encyclopédie méthodique des manufactures et arts* [4], waarin negen pagina's en negen illustraties aan het kleermakersvak gewijd zijn. Patronen komen daarin echter maar even ter sprake. De kleermaker meet erin zijn klant met stroken papier: schouderbreedte, borstomtrek, taille, armlengte en -dikte. Om de maten te markeren, maakt hij kleine inkepingen in de papierstroken.

Meetlint was in de 18de eeuw nog onbestaande. De kleermaker hanteerde doorgaans een houten ellenstok en als hij meetband nodig had, markeerde hij een lint, waarbij hij die ellenstok als maatstaf gebruikte. Bij het nemen van de maten van een klant was het afknippen van papierstroken ongetwijfeld een snellere en simpelere methode om een goed patroon te verkrijgen, omdat elke strook direct op de stof kon worden gelegd. [5]
Alvorens de lap stof te versnijden, plooide hij ze (in de lengte of de breedte, afhankelijk van de breedte van de stof). Verder laat de tekst verstaan dat de kleermaker een stel patronen had en dat hij daaruit dat patroon koos dat het dichtst de

THE 18TH CENTURY: DEFINING CRAFTS AND THE AGE OF ENCYCLOPEDIC KNOWLEDGE

The 18th-century scientist was very much concerned with the accurate description and classification of the world.
France was at the forefront of the creation of encyclopedias in the field of arts and crafts. Diderot and d'Alembert published the monumental *Encyclopédie des arts et des métiers* in 1750. Their work proved an impetus for specialists in many fields who added their specific knowledge and provide later generations with detailed accounts of the state of the arts and crafts in 18th-century France. The *Encyclopédie méthodique des manufactures et arts* [4] edited by Roland de la Platière was published in Paris in 1785. He devotes nine pages and nine illustrations to the tailor's art.
Patterns are only briefly mentioned, however. The tailor measures his client with strips of paper. He measures shoulder width, across the breast, the length and circumference of the arm, and the waist. To mark the measurements, he makes small incisions in the paper strips.

Tape measures did not exist in the 18th century. Tailors would have a yardstick in wood but, if they needed tape measures, they had to mark ribbons using the yardstick as a gauge. In taking a client's measurements, however, clipping strips of paper was undoubtedly a quicker and easier method to obtain a good pattern, since each strip could be placed directly on the fabric [5].
Before cutting the fabric, the tailor folds it (lengthwise or widthwise depending on the width of the fabric). Then the text implies that he has a set of patterns and selects the one closest to the actual measurements taken from the client [6]. These pattern pieces are laid out on the fabric. While checking with the measurements taken from the client, he adjusts the pattern piece, drawing the contours in chalk. Good tailors have no need for a pattern, however. They can draw the pattern on the fabric, using the client's measurements only.
In an engraving by de Garsault [7], a tailor is seen taking a client's measurements, while a cutter cuts fabric spread out on a table. There is no pattern.

THE 19TH AND 20TH CENTURIES: PREPARING CONSUMER SOCIETY, INDUSTRIALIZATION AND STANDARDIZATION

THE SCIENCE OF PATTERN MAKING
Paper patterns for clothing became more obvious in the 19th century. The proliferation of fashion magazines in the early part of the century led to the introduction of practical

feitelijke maten van de klant benaderde.[6] De knippatronen werden op het stuk stof uitgelegd. De kleermaker vergeleek ze met de maten van de klant, paste het patroonstuk aan en tekende de omtrekken in krijt. Goede kleermakers hadden geen knippatronen nodig, zij konden enkel met behulp van de maten van de klant het patroon op de stof tekenen. Zo is er in een gravure van de Garsault[7] een kleermaker afgebeeld die de maat neemt van een klant terwijl een snijder stof aan het knippen is die op een tafel uitgespreid ligt. Er is geen knippatroon te zien.

19DE EN 20STE EEUW: DE AANLOOP TOT DE CONSUMPTIEMAATSCHAPPIJ, DE INDUSTRIALISERING EN STANDAARDISERING

DE TECHNIEK VAN HET PATRONEN MAKEN

Papieren knippatronen werden in de 19de eeuw meer vanzelfsprekend. In het eerste deel van die eeuw leidde de proliferatie van modebladen tot het uitwerken van praktische instructies voor het maken van kledingstukken — adviezen die vooral voor naaisters en huisvrouwen bestemd waren. Knippatronen op klein formaat waren zelfs al in de jaren 1830 een courant gegeven in tijdschriften zoals *Journal des dames et des demoiselles* (Parijs-Brussel), en in de jaren 1860 zaten in tijdschriften zoals *La mode illustrée* (Parijs) bladen met over elkaar heen aangebrachte patronen op ware grootte.

De pasvorm van kleren werd een belangrijk gegeven in de 19de eeuw. De trend ontstond in de mannenkleding aan het begin van de eeuw. Stoffen met ingewikkelde geweven en geborduurde motieven waren niet langer de norm. Maar de goede snit van een effen kostuum kon bij uitstek blijk geven van elegantie en distinctie. In de loop van de 19de en 20ste eeuw volgde de vrouwenkleding dan ook dat voorbeeld.

Een kleine maar veelbetekenende innovatie in de 19de-eeuwse kleermakersstiel was de invoering van het meetlint. In een voor de jeugd bestemd Nederlands boek over beroepen, dat in 1849 verscheen, wordt het meetlint als een recent gebruiksvoorwerp vermeld.[8]
Het meetlint behoorde tot de noodzakelijke benodigdheden van de kleermaker die zorgvuldig de maat moest nemen van individuele klanten. Tussen 1850 en 1900 verschenen overal in Europa en Noord-Amerika diverse 'wetenschappelijke' systemen voor het aanmeten en het aanpassen van patronen aan verschillende lichaamsvormen. Sommige van die handleidingen werden vele malen herdrukt.

DE MAAT VAN DE MENIGTE

De opvallendste verandering in de kledingnijverheid van de

instructions on how to make garments, mainly geared to seamstresses and housewives. Small scale garment patterns were a regular feature of magazines like *Journal des dames et des demoiselles* (Paris-Brussels) as early as the 1830s. By the 1860s sheets with superimposed full scale patterns were attached to journals like *La mode illustrée* (Paris).

The fit of garments became a significant issue in the 19th century. The trend started with men's clothing at the beginning of the 1800s. As fabrics with elaborate woven and embroidered designs lost their appeal, the cut of a plain garment became its major claim to elegance and distinction. Throughout the 19th and early 20th centuries women's clothing would follow suit.

A small but significant innovation in 19th-century tailoring is the introduction of the tape measure. In a Dutch book about trades compiled for young people, published in 1849, the tape measure is described as a recent introduction[8].
Tape measures were a necessary tool for tailors who had to carefully measure individual clients. Between 1850 and 1900 many 'scientific' systems to measure clients and adapt patterns to different body shapes appeared all over Europe and North America. Some saw many editions.

MEASURING THE MASSES

The most obvious change in garment production in the 19th century is the introduction of the sewing machine. Although the earliest patents date from the end of the 18th century, large scale use of the sewing machine only starts in the 1850s. As a tool for the mass production of garments, the sewing machine necessitated a range of inventions in the fields of cutting, preparing, and sewing fabrics. In the early years, the fit of the garment was not of primary importance. Ready-made clothing is either destined for the working classes, or concerns itself with capes or other simple garments where a tight fit is not important.

Anthropometry, the science of recording measures of the human body, had a wide appeal in the 19th century. The main concern of the scientists involved in it was the study of racial characteristics, and the classification of human races. Using body measurements as a means to enable the clothing industry to produce garments with a good fit, and to enable customers to buy the garments without trying them on, only evolved in the 20th century. It is probably no coincidence that the first anthropometric survey geared to clothing sizes was carried out in the USA[9]. The results of a survey measuring 100,000 men during demobilization at the end of the First World War were published in 1921.
The purchase of clothing through mail order businesses had become a well-established practice by the last quarter of the 19th century. Customers needed a system to judge the size of

Maat nemen van aspirant-studenten voor een Parijse modellenschool, 1957 I Measuring prospective students for a Parisian modeling school, 1957

Ontwerper Charles James en zijn analyse van het vrouwelijk lichaam I Designer Charles James and his analysis of the female body

Yohji Yamamoto I Winter 1997-1998

19de eeuw was de introductie van de naaimachine. Hoewel de oudste patenten al dateren uit het einde van de 18de eeuw, begon de echte opmars van de naaimachine pas in de jaren 1850. Als werktuig voor de massaproductie van kleding vereiste de naaimachine een hele reeks uitvindingen op het gebied van het knippen, voorbereiden en naaien van stoffen. In de vroege jaren was de pasvorm van het kledingstuk daarbij niet zo belangrijk. Immers, kant-en-klare kleding was ofwel bestemd voor de arbeidersklasse ofwel bestond ze uit kapmantels en andere eenvoudige kledingstukken die geen strakke pasvorm behoefden.

De antropometrie, de wetenschap die zich met het vastleggen van de maten van het menselijk lichaam bezighoudt, stond in de 19de eeuw sterk in de belangstelling. Geleerden die deze wetenschap beoefenden, waren vooral geïnteresseerd in de studie van raciale kenmerken en in de classificatie van mensenrassen. Pas in de 20ste eeuw drong het gebruik van de lichaamsmaten ook in de kledingindustrie door: om kledingstukken met een goede pasvorm te kunnen produceren en om klanten de mogelijkheid te bieden een kledingstuk te kopen zonder het eerst te moeten aanpassen. Het is waarschijnlijk geen toeval dat het eerste antropometrische onderzoek met betrekking tot kledingmaten in de VS plaatsvond.[9] Tijdens de demobilisatie aan het einde van de Eerste Wereldoorlog werden de maten van 100.000 mannen opgetekend en de resultaten van dat grootschalige onderzoek werden in 1921 gepubliceerd. De aanschaf van kleding via postorder was al in het laatste kwart van de 19de eeuw een ingeburgerde praktijk. De klant had dus een systeem nodig om kledingmaten te kunnen beoordelen, terwijl de kledingindustrie tegelijk behoefte had aan adequate systemen om de maat van knippatronen te bepalen.

In veel andere landen werden de standaardmaten pas in de jaren 1950 en 1960 ontwikkeld. Vanaf 1968 doet de International Organization for Standardization (ISO)[10] pogingen om internationale standaarden te bepalen voor kledingmaten. In 1991 werd een standaardmatensysteem voor kleding gepubliceerd maar het wordt in het algemeen nog altijd niet toegepast.

PATRONEN BUITEN EUROPA: JAPAN

In tegenstelling met de kleren in de westerse wereld komen de vormen van de traditionele kleding in Japan rechtstreeks voort uit de smalle rechthoekige lappen stof waaruit de kleding gemaakt wordt. Knippatronen zijn overbodig, wat niet wil zeggen dat de kledingstukken niet met lichaamsvorm of -omvang verbonden zouden zijn. Traditionele Japanse kleermakers namen de maat van hun klanten door middel van stroken stof, ongeveer zoals hun Europese tegenhangers in de 18de eeuw. Maar in tegenstelling met de op maat gesne-

garments, while the garment industry needed adequate measuring systems to determine the sizes of patterns.

Many other countries only developed standard sizes in the 1950s and 1960s. From 1968, the International Organization for Standardization (ISO)[10] has attempted to establish international standards for the sizes of clothing. A standard sizing system for clothes was published in 1991, but is still not widely adopted.

PATTERNS OUTSIDE EUROPE: JAPAN

Unlike the garments of the western world, the shapes of traditional clothing in Japan are directly derived from the rectangles of the narrow width fabrics used to make them. Dress patterns are not necessary, which does not however mean that clothing is not related to body shape and size. Japanese tailors take their client's measurements using strips of fabric, much like their 18th-century European counterparts. Unlike the European clothing elements which were cut to size, however, Japanese tailors adapted the width of the garment's seams, thereby preserving the maximum amount of fabric. Even for the slightly rounded seams necessary for the attachment of a collar and the hems of sleeves, the excess fabric was not cut but folded inside the garment. In the past, traditional garments had to be taken apart every time they were cleaned. Preserving the maximum amount of fabric made alterations or different use of the fabrics easy. Thrift, though, was probably not the only reason for shaping through seaming. A modular approach to design using standard elements pervades many aspects of Japanese life, notably domestic architecture and furniture.

Just like Renaissance Europeans, the Japanese made use of publishing to preserve and disseminate knowledge. As early as the 18th century, many treatises on textiles and textile designs were printed from woodblocks in Kyoto[11]. Books with fashionable designs for kimono fabrics are well known. Through them, the famous yuzen (stencil) dyers of Kyoto brought their latest designs to the attention of the public. In addition, practical treatises on how to cut and sew traditional garments began to circulate. Towards the end of the 19th century there was a proliferation of these types of publication. It almost seems as if the incursion of western garments into the Japanese market urged the Japanese to give clear instructions on how to perpetuate their own cultural heritage. Even in the middle of the 20th century, however, the training of a real master tailor would still solely rely on observation and imitation of his master. Even taking notes was seen as a sign of a lazy mind, unwilling to commit things to memory.

Frieda Sorber

den Europese kledingelementen paste de Japanse kleermaker de wijdte van het kledingstuk aan met behoud van een maximale hoeveelheid stof. Zelfs voor de lichtjes afgeronde boorden waaraan de kraag bevestigd werd, en voor de mouwboorden werd het teveel aan stof niet weggeknipt maar naar binnen gevouwen in het kledingstuk. In het verleden moest het traditionele kledingstuk bij elke reinigingsbeurt uit elkaar gehaald worden. Door zoveel mogelijk stof te behouden kon het kledingstuk later makkelijk aangepast worden of kon de stof nadien nog voor iets anders gebruikt worden. Maar spaarzaamheid was wellicht niet de enige reden om door samennaaien een pasvorm te maken. De modulaire benadering van een ontwerp door het gebruik van standaardelementen komt in verschillende aspecten van de Japanse levenswijze tot uiting, bijvoorbeeld in de woningarchitectuur en -inrichting.

Net zoals de Europeanen in de Renaissance gebruikten de Japanners de boekdrukkunst om kennis te bewaren en te verspreiden. Al in de 18de eeuw werden vele verhandelingen over textiel en weefselmotieven door middel van houtblokken gedrukt in Kyoto.[11] Er bestaan boeken met modieuze motieven voor kimonostoffen. In deze boeken presenteerden de vermaarde *yuzen*-ververs (sjabloonververs) van Kyoto hun nieuwste ontwerpen aan het publiek. Daarnaast verschenen ook praktische handleidingen voor het snijden en naaien van traditionele kleding. Naar het einde van de 19de eeuw vermeerderde dit soort publicaties sterk, alsof het binnendringen van westerse kleding op de Japanse markt de Japanners ertoe aanzette duidelijke aanwijzingen te formuleren voor het bewaren van hun eigen cultureel erfgoed. Maar in het midden van de 20ste eeuw was de opleiding van een echte meesterkleermaker nog uitsluitend gebaseerd op observatie en navolging van de leermeester. Zelfs het maken van aantekeningen werd opgevat als een teken van luiheid van een geest die niet bereid was dingen te memoriseren.

Frieda Sorber

FOOTNOTES

1. J. L. Nevinson, 'Introduction', in: *Juan de Alcega Tailor's Pattern Book 1589*, Ruth Bean, Bedford, 1979, p. 9.
2. Ibidem, pp. 10-12.
3. Antwerp, dienst stadsarcheologie, Kaasstraat, nr. A. Ka. 2 T78.
4. Roland de la Platière, *Encyclopédie méthodique des Manufactures et des Arts*, Pancoucke, Paris, 1785, pp. 181-189.
5. Sylvia Groves, *The History of Needlework Tools and Accessories*, Country Life Feltham, Feltham, 1966, pp. 41-42.
6. Roland de la Platière, *Encyclopédie méthodique des manufactures et des Arts*, Pancoucke, Paris, 1785, p. 181.
7. F. de Garsault, *L'Art du tailleur*, 1769, illustrated by Bibi Panhuysen, *Maatwerk: kleermakers, naaisters, oude kleerkopers en de gilden*, (1500-1800), Stichting Beheer IISG (Internationaal Instituut voor Sociale Geschiedenis), Amsterdam, 2000, p. 130.
8. Ibidem, p. 127.
9. John Winks, *Clothing Sizes International Standardization*, The Textile Institute, Manchester, 1997, p. 54.
10. Ibidem, pp. 39-46.
11. Thomas Judge, *Edo Craftsmen. Master Artisans in Old Tokyo*, New York and Tokyo, Weatherhill, 1994, p. 36.

VOETNOTEN

1. J. L. Nevinson, 'Introduction' in: *Juan de Alcega Tailor's Pattern Book 1589*, Ruth Bean, Bedford, 1979, p.9.
2. Ibidem, pp.10-12.
3. Antwerpen, dienst stadsarcheologie, Kaasstraat, nr. A. Ka. 2 T78.
4. Roland de la Platière, *Encyclopédie méthodique des manufactures et des arts*, Pancoucke, Parijs, 1785, pp.181-189.
5. Sylvia Groves, *The History of Needlework Tools and Accessories*, Country Life, Feltham Middlesex, 1966, pp.41-42.
6. Roland de la Platière, *Encyclopédie méthodique des manufactures et des arts*, Pancoucke, Parijs, 1785, p.181.

7. F. de Garsault, *L'Art du tailleur*, 1769, geïllustreerd door Bibi Panhuysen, *Maatwerk: kleermakers, naaisters, oude kleerkopers en de gilden (1500-1800)*, Stichting Beheer IISG (Internationaal Instituut voor Sociale Geschiedenis), Amsterdam, 2000, p.130.
8. Ibidem, p.127.
9. John Winks, *Clothing Sizes International Standardization*, The Textile Institute, Manchester, 1997, p.54.
10. Ibidem, pp.39-46.
11. Thomas Judge, *Edo Craftsmen. Master Artisans in Old Tokyo*, New York and Tokyo, Weatherhill, 1994, p.36.

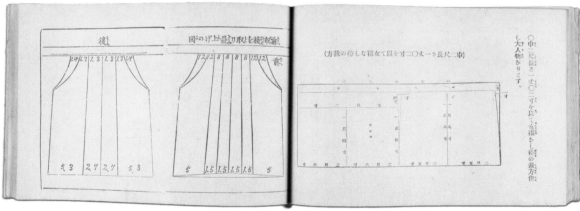
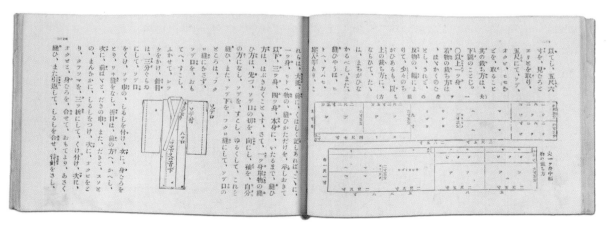

A SACK DRESS [THE FRENCH ROBE A LA FRANCAISE] WORN AS AN
BUTTONED FALSE FRONT C1770-75

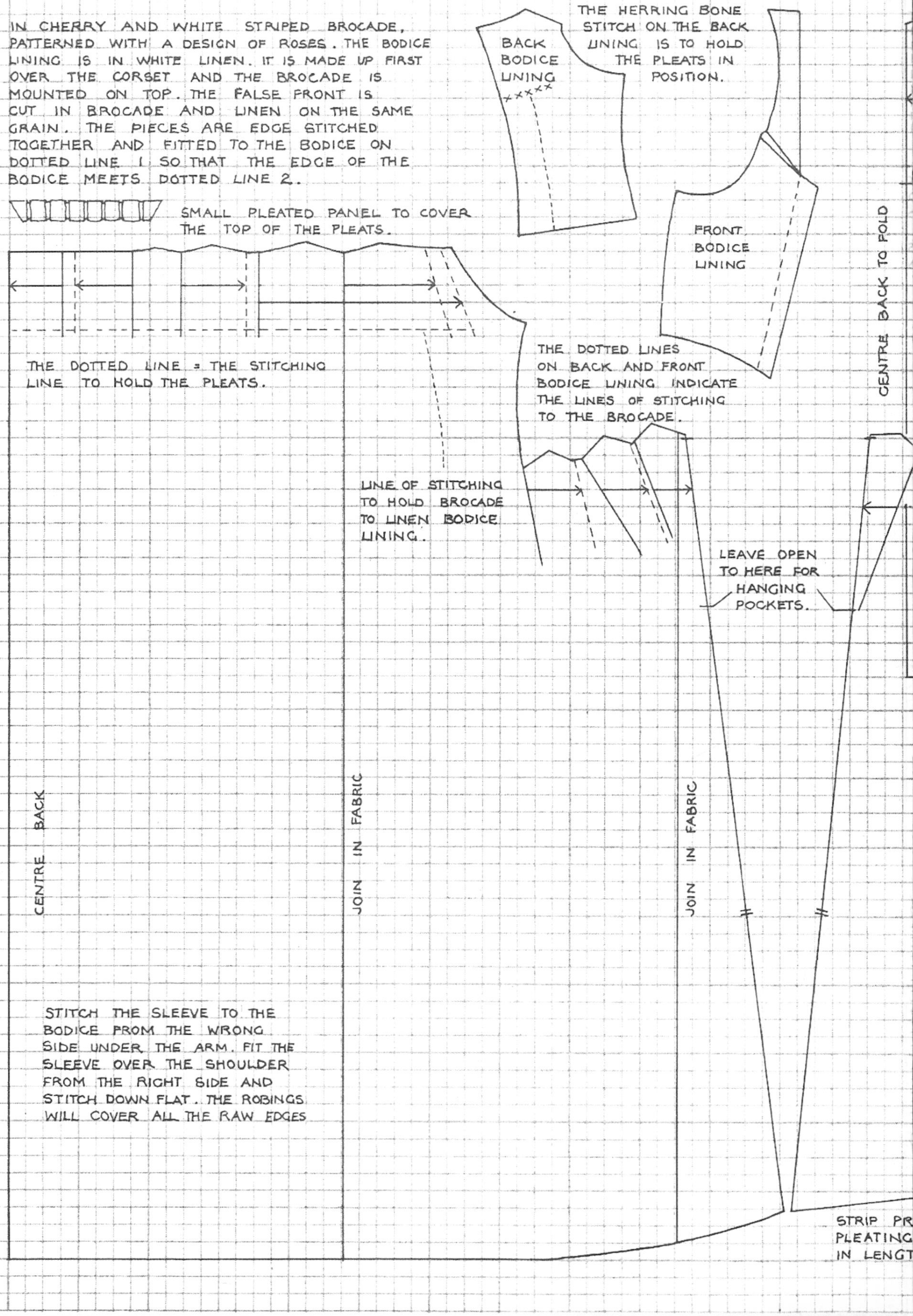

IN CHERRY AND WHITE STRIPED BROCADE,
PATTERNED WITH A DESIGN OF ROSES. THE BODICE
LINING IS IN WHITE LINEN. IT IS MADE UP FIRST
OVER THE CORSET AND THE BROCADE IS
MOUNTED ON TOP. THE FALSE FRONT IS
CUT IN BROCADE AND LINEN ON THE SAME
GRAIN. THE PIECES ARE EDGE STITCHED
TOGETHER AND FITTED TO THE BODICE ON
DOTTED LINE 1 SO THAT THE EDGE OF THE
BODICE MEETS DOTTED LINE 2.

SMALL PLEATED PANEL TO COVER
THE TOP OF THE PLEATS.

THE DOTTED LINE = THE STITCHING
LINE TO HOLD THE PLEATS.

THE HERRING BONE
STITCH ON THE BACK
LINING IS TO HOLD
THE PLEATS IN
POSITION.

BACK
BODICE
LINING

FRONT
BODICE
LINING

THE DOTTED LINES
ON BACK AND FRONT
BODICE LINING INDICATE
THE LINES OF STITCHING
TO THE BROCADE.

LINE OF STITCHING
TO HOLD BROCADE
TO LINEN BODICE
LINING.

CENTRE BACK TO FOLD

LEAVE OPEN
TO HERE FOR
HANGING
POCKETS.

CENTRE BACK

JOIN IN FABRIC

JOIN IN FABRIC

STITCH THE SLEEVE TO THE
BODICE FROM THE WRONG
SIDE UNDER THE ARM. FIT THE
SLEEVE OVER THE SHOULDER
FROM THE RIGHT SIDE AND
STITCH DOWN FLAT. THE ROBINGS
WILL COVER ALL THE RAW EDGES

STRIP PR
PLEATING
IN LENGT

DE NAAD
ALS
DENKENDE
VORM

'Pourquoi couper un plan?'
Jean-Luc Godard

THE
CONSCIOUSNESS
OF
A SEAM

HET PATROON IS EEN VERZAMELING PAPIEREN VORMEN, MET lijnen en symbolen in potlood. Het ziet eruit als een puzzel, met onderdelen die soms herkenbaar zijn als figuur, maar vaak ook niet. Die patronen intrigeren door de blik achter de schermen die ze toelaten. Ze verrassen door de complexiteit van de vormen nodig om een jas of een jurk te maken. Het kledingstuk dat we in één oogopslag als een geheel herkennen en overzien, valt er in een bizarre collectie van vaak onherkenbare fragmenten uiteen. De projectie van het kleed in het platte vlak leidt tot vreemde vervormingen. Het skelet in ons lichaam en het skelet van textiel rond ons lichaam lijken nauwelijks verwant. Maar we leven in een maniëristisch tijdsgewricht, esthetisch gevoelig voor de taal van de deformatie. Het patroon geeft daar een oude en eerbiedwaardige versie van, die tot nu toe zelden op haar esthetisch kapitaal is getoetst.

Het patroon heeft een complex statuut. Het is fundamenteel een praktisch hulpmiddel dat thuishoort in het atelier en de productiehal. Het is de matrix van een ontwerp dat getrouw uitgevoerd kan worden — in enkele of in talloze exemplaren. In het patroon ligt trouwens de kern van een ontwerp, zodat er auteursrechten voor kunnen worden geclaimd.

Het patroon maakt iets duidelijk over kledij en mode dat we makkelijk over het hoofd zien. Want ook al is kledij een fundamenteel deel van de bewegingskunsten (dans, film, maar ook krijgskunst), het is — zo herinnert ons het patroon — ook een *art de l'espace*[1], een ruimtekunst, verwant aan architectuur en figuratieve beelden. Het patroon als een aparte, figuurlijke architectuur. Toch bestaat er tussen de stappende beweging — zo essentieel bij het passen — en die ruimte waarin men in de nieuwe jurk leert lopen, een dwingende, essentiële eenheid; de interferenties tussen mannenpak en ruimte, tussen podium en danskostuum zijn dan ook zo wezenlijk dat een onderscheid misplaatst lijkt. Hoewel het onmogelijk lijkt een verschil te maken tussen het patroon als ruimtevorm en het kleed als bewegingsvorm, bestaat er toch een prikkelende en onoverbrugbare afstand tussen *Vogue* en *Burda*, tussen het patroondossier van de firma *Dior* en

A DRESSMAKER'S PATTERN IS A COLLECTION OF PAPER SHAPES, with lines and symbols in pencil. It looks like a puzzle, its pieces sometimes recognizable as a figure, but often not. The parts intrigue because of the glimpse they give us behind the scenes. They surprise us with the complexity of forms needed to make a dress or a jacket. An article of clothing we know at a glance to be a whole disintegrates into a bizarre collection of unidentifiable fragments. Projecting a piece of clothing onto a flat surface leads to strange deformations. The skeleton within our body and the cloth carapace enveloping that body seem hardly related. We live in a mannerist juncture in time, however, aesthetically sensitive to the language of deformation and distortion. The pattern is an old and respected version of this but until now, its aesthetic capital has seldom been appraised.

The statutes underlying the pattern are complex. The pattern is a fundamental and practical tool, at home in the designer's studio and the textile mill. It is the matrix of a design that can be faithfully reproduced, in individual or in countless examples. In the pattern lies the core of a design, and claim can therefore be made to its copyright.

The pattern clarifies something about clothing and fashion, something we easily fail to see. Although apparel is a fundamental element of the arts of movement (dance, film, as well as the martial arts), it is also, as the pattern reminds us, an *art de l'espace*[1] — a spatial art, akin to architecture and figurative sculpture. The pattern serves as a separate, a figurative architecture in its own right. Yet a forceful, essential unity exists between the stepping motion — so fundamentally related to the fit — and the space within which one learns to walk in a new dress. The mutual interplay between a man's suit and space, between the stage and the dance costume, is consequently so crucial that the distinction seems misplaced. Though it seems impossible to identify the difference between the pattern as a spatial form and the garment as a form of movement, there is a stimulating, unbridgeable distance between *Vogue* and *Burda*, between *Dior*'s pattern books and *Maywald*'s fashion photographs of the finished

Maywalds modefoto ervan, tussen Romy Schneider in het pakje van *Chanel* [2] en de werktafel waarop het papieren patroon uitgespreid lag, klaar om uit de stof geknipt te worden. Over die tegenstelling en die eenheid van gekleed en patroon gaat dan ook dit essay.

HET PATROON ALS WERKINSTRUMENT

Het aanmaken van het patroon is een tussenstap, een technisch hulpmiddel met het statuut van een protocol. Het bevat informatie over hoe men te werk moet gaan; het is een productietraject, een handleiding. Het patroon nodigt dus niet uit om te kijken, maar om te doen. We zien een handelingstracé in het patroon uitgezet; in de scherpe omlijningen is reeds een virtuele hand aan het werk.

Hier worden we echter uitsluitend geprikkeld om te kijken. Zo kijken we eventueel ook naar tentoongestelde architectuur- en machinetekeningen, naar de platen van de *Encyclopédie*. We zien er immers een technisch denken aan het werk dat even ongewild als onvermijdelijk een eigen schoonheid genereert. De schoonheid van die plannen treft ons vandaag des te meer omdat in onze tijd het structureren op zich als een eminent menselijke activiteit wordt gezien, als dé culturele *modus operandi*.

Het patroon is een praktisch instrument – zoals het scenario voor de filmregisseur, het negatief voor de fotograaf, de gerasterde grondtekening voor de schilder, het architectuurplan voor de bouwer. Alle zijn ze *en amont* het resultaat van het creërende ontwerpen en *en aval* datgene wat moet verwerkelijkt worden. Het negatief is reeds helemaal dé foto, het script dé film, de grondtekening hét schilderij en het is tegelijk helemaal geen foto, geen film, geen schilderij. Het onverfilmde script is alles, maar toch helemaal geen film. Het ontwerp heeft op zich nauwelijks waarde, maar het is verre van waardeloos. Zo laat ook het patroon toe het kleed helemaal en accuraat te maken, zonder het ook maar in de verste verte te zijn. Het patroon is de kern, maar tegelijk is het irreëel: het moet nog gerealiseerd worden, zoals men zegt van het draaien van een film.

HET OVERDENKEN VAN EEN VAK

Het patroon overdenken is denken over een *technè* – een werkproces, een 'manier van maken', een metier. Maar tussen de techniek van het denken en de techniek van het maken is er veel incompatibiliteit. Het instrumentarium van het denken is erop gericht te scheiden, te onderscheiden. Scherp denken is verschillen onderkennen, waar anderen geen verschil zien, want geen onderscheid maken. Het instrumentarium van het maken daarentegen is erop gericht om samen te brengen, te verbinden. Tegenover de onder-

articles, between Romy Schneider in a *Chanel* [2] suit and the workbench on which the pattern is laid out, ready to be cut from the fabric. This contradiction and the union between apparel and the pattern are also what this essay is about.

A WORKING INSTRUMENT

The production of a pattern is an intermediate step, a technical guide through an established protocol. It contains information on how to set about the work. It is a production trajectory, a user's manual. The pattern invites us not to look, but to do. We see a trail of actions charted in the pattern. A virtual hand is already at work along the crisply defined contours. Here in fact, we are stimulated just to look. We look in perhaps the same way at the architectural or machine blueprints in an exhibition, or at the illustrations in an encyclopedia. We see technical thinking at work, a thought process that both unintentionally and unavoidably generates a beauty of its own. The beauty of these technical drawings touches us all the more today because, in our time, creating structure is itself perceived as an eminently human activity, the ultimate cultural *modus operandi*.

The pattern is a practical instrument, as is the scenario for the film director, the negative for the photographer, a rastered sketch for the painter, the blueprint for the builder. All are the *en amont* result of the design in creation and, *en aval*, that which must be realized. The negative is already the photograph, the script the film, the sketch the painting, yet at the same time it is absolutely not a photograph, a film, a painting. The unfilmed script is everything, yet it is by no means a film. On its own, the design has hardly any value, but it is far from worthless. The pattern permits the complete and accurate fabrication of the garment, without its being the ultimate garment. The pattern is the core, yet simultaneously unreal. As one might say about the shooting of a film, it is not yet in the can.

THE MIND OF MAKING

Thinking about the pattern is thinking about a *technè* – an operating process, a 'means of making', a profession. There is, however, considerable incompatibility between the technique of thinking and the technique of making. Instruments of thought are intended to separate, to distinguish. A sharp thinker recognizes differences where others, failing to differentiate, see none. The instruments of making, in contrast, are aimed at a process of bringing together, of binding. The discerning progress of thought is a counterpoint to the creation of relationships through making.

The thinking process repeatedly presupposes a homogeneous plane for thought. Only the relevant is reserved for it. Making, on the other hand, is precisely focussed on bringing the non-

scheidende beweging van het denken staat de verbindende van het maken.

Het denken installeert steeds een homogeen vlak voor het denken: alleen het relevante wordt aan het denken voorbehouden. Het maken daarentegen is erop gericht precies het niet-homogene te verbinden: het zuivere denken tegenover het onzuivere maken. Het denken doet algemene uitspraken, het maken zoekt voor iedere situatie een nieuwe, unieke oplossing. Het denken hanteert normen, het maken kijkt onprincipieel naar het resultaat. Denken over vakmanschap houdt een contradictie in, want hoe beter men het metier in categorieën krijgt, hoe minder men het verstaat. De praktische oplossingen staan in de regel veraf van de theoretische. Het categoriale inzicht is vaak geen winstpunt voor de handen en de ogen, integendeel.

Deze moeilijkheid kunnen we terugplooien op de verhouding van patroontekenaar en ontwerper. Deze laatste brengt ontwerpschetsen aan, met stofmonsters, kleuraanduidingen, sfeersuggesties. Zijn voorstel is een kluwen van heterogene elementen die toch meteen een geheel vormen. De patroontekenaar moet dit synthetische voorstel in patroontermen denken: 'Hoe steek ik het in elkaar, namelijk hoe neem ik de globale idee eerst uit elkaar?' Hij moet vertalen in fragmenten, naden en punten. Het resultaat van dat patroondenken staat visueel veraf van het oorspronkelijke ontwerp, toch is het patroon een noodzakelijk instrument om het ontwerp te realiseren.

Beide bewegingen — ontwerpen en patroontekenen — komen tijdens het passen weer samen: heeft het denken van de patroontekenaar de idee van de ontwerper werkelijk gedacht, namelijk gedacht op zijn verwerkelijking, zijn uitvoerbaarheid, dus op zijn levensvatbaarheid?

MODELDENKEN: SELECTIE, PROJECTIE EN SCHAAL

Het patroon behoort tot de familie van het modeldenken. Het patroon reproduceert niet (zoals bijvoorbeeld een modetekening), maar 'modelliseert'. Drie tactieken spelen hier: 'selectie', 'projectie' en 'schaal'. De landkaart vormt daar een goed voorbeeld van.

Al naar gelang de bedoeling van de kaart worden deze of gene elementen opgenomen of weggelaten: 'selectie'. Een kaart is geen foto, maar een filtering. In het patroon is alles wat de koper zou kunnen overtuigen, weggelaten om slechts datgene over te houden wat het maken helpt en stuurt.

Het patroon lijkt op een kadasterplan; de patroontekenaar is de landmeter van de kledij. Het patroon vertaalt geen visuele indruk, maar zet de geometrische realiteit van afstanden en verhoudingen haarscherp in de precieze materiaalbeschrijving uit. Zoals het kadasterplan geen verkeerskaart is, maar de accurate opmeting van percelen, zo is het patroon een

homogeneous together: pure thought as opposed to impure fabrication. Thinking produces generalities; making seeks a new, unique solution for each situation. Thinking deals with norms; making aims, without principle, for the result. Thinking about craftsmanship implies a contradiction, for the better one is able to arrange one's vocation in categories, the less people understand it. As a rule, practical solutions are far removed from theoretical solutions. Categorical insight is often no advantage for the hands and the eyes — quite the contrary.

We can unravel this difficulty back to the relationship between the patternmaker and the designer. The latter provides design sketches, with fabric samples, colour indications, a suggested atmosphere. His proposal is a gathering of heterogeneous elements that nonetheless immediately form a whole. The patternmaker must think of this synthetic proposal in pattern terms: 'How do I stitch this together,' or in other words, 'how do I first pull apart the overall idea?' He must translate it into fragments, seams, and points. The result is visually far removed from the original design, yet the pattern is an essential instrument in realizing that design. Both of these motions — designing and pattern drawing — come together once again at the fitting. Has the thinking of the person drawing the pattern really considered the larger idea of the designer: its realization, its practicability, and therefore its appropriateness for real life?

THINKING IN PROTOTYPE: SELECTION, PROJECTION, AND SCALE

The pattern belongs to a family of prototypes, a way of thinking in terms of models. It does not reproduce a model (as a fashion illustration does, for example) but creates a model. There are three tactics at work here — 'selection', 'projection' and 'scale'. Another good example is the geographical map or road map. Depending on the purpose of the map, elements are included or left out, hence the selection. A map is not a photograph, but a filtration. In the pattern, anything intended to convince the final buyer has been omitted. It retains only that which aids and guides; it is concerned with the process of making the model, not with selling it.

A pattern resembles a surveyor's drawing. The patternmaker is a surveyor for garments. His pattern does not translate a visual impression, but sets a geometric reality of distances, spaces, and relationships into razor-sharp, meticulous descriptions for the material to be employed. In the same way that a surveyor's drawing is not a map, but the accurate measure of an area of ground, the pattern is a finely-honed measurement of all the essential components of the whole. The pattern is a handbook for production, like the blueprint for the electrical wiring of a house. In some respects, it

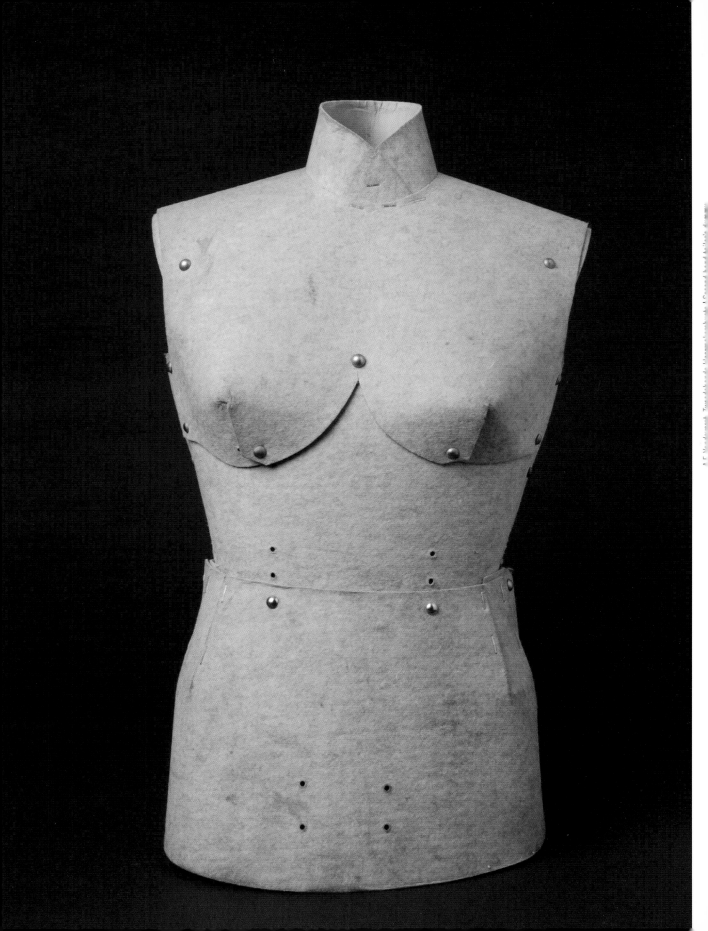

A.F. Vandevorst, *Twee jaarbreels, Uppergarde jaarbreels/Secund band to their damen.*

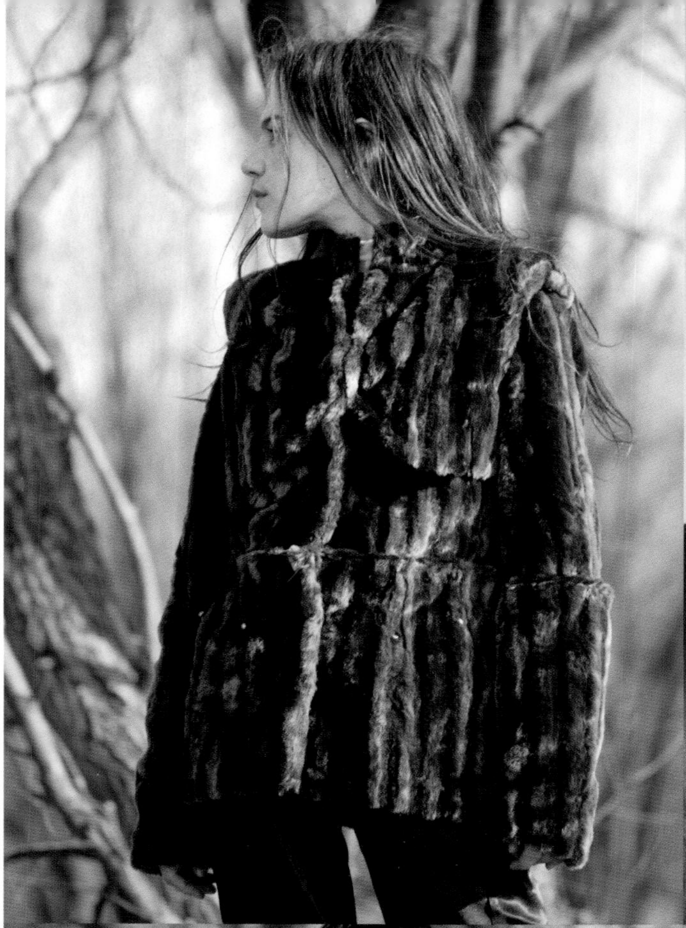

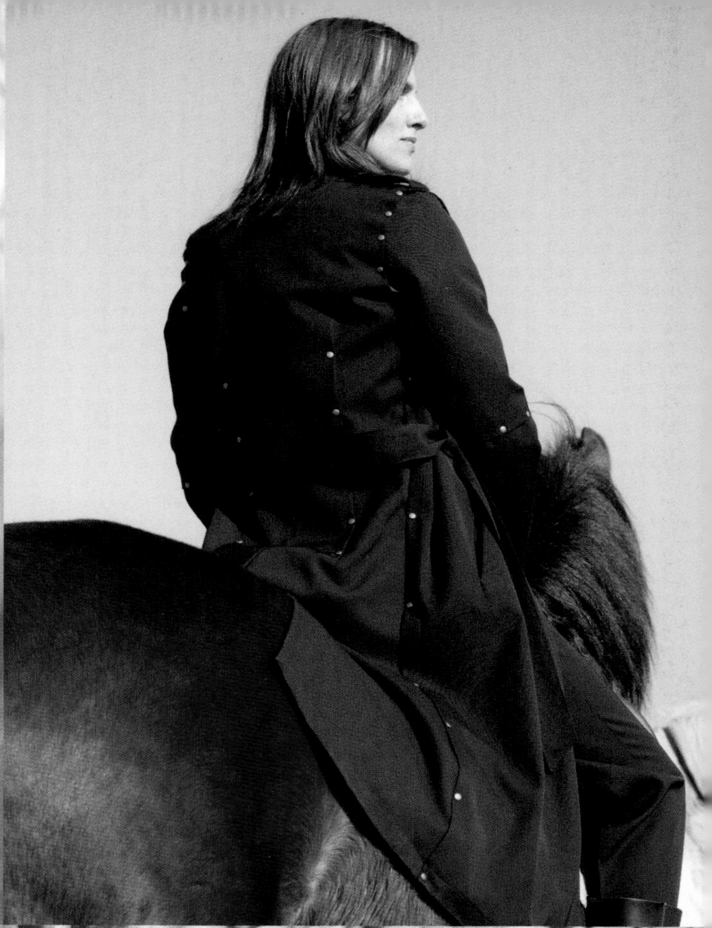

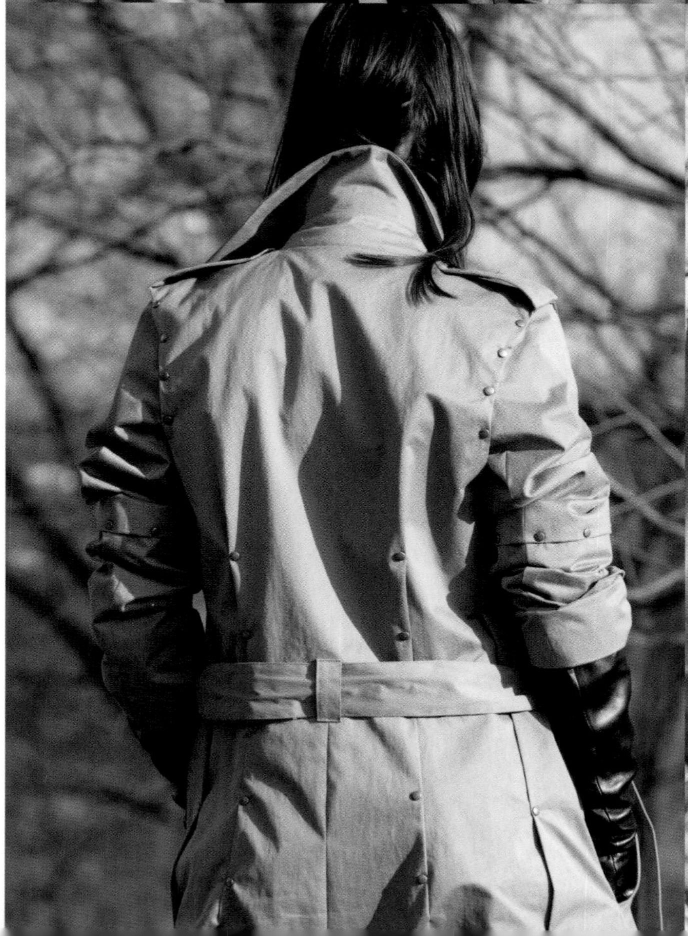

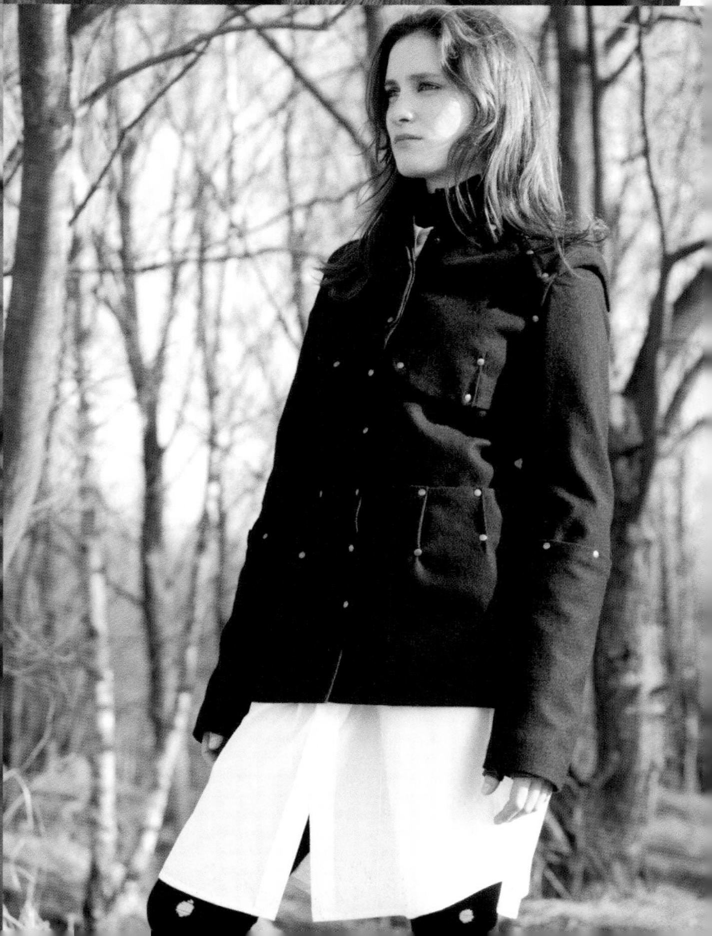

scherpe opmeting van alle noodzakelijke stukken. Het patroon is meteen een productiehandleiding, zoals het elektriciteitsplan van een huis. Het patroon lijkt in sommige aspecten figuratief en analoog, maar het is ook voor een groot deel een tekensysteem met conventionele symbolen voor knopen, hechtingen, plooien en inkepingen. Bij ieder patroon hoort een impliciete legende zoals bij landkaarten waar de conventionele tekens voor wegen, spoorlijnen, waterlopen, hoogtelijnen verklaard worden.

Het model is een arbeidsprotocol: volg die stappen en dan kom je bij het beoogde resultaat: zoals het kookboek, de handleiding voor een doka, het bedieningsboekje voor een apparaat. Het model is een partituur, een dialoogtekst. De tekst wijst ons doorheen een maakproces: 'eerst... en daarna...' Het patroon plooit in de handen van de kleermaker open tot een werkproces doorheen de tijd. Zoals de bouw van een huis door iedereen gefascineerd wordt gevolgd, zo wordt ook een kostuum stapsgewijs in elkaar gezet. In het patroon zit dat proces dus samengebald als een boom in een pit.

'Modelliseren' is ook 'projectie'. Het patroon projecteert een driedimensionaal object in een vlak. Vaak is het nog ingewikkelder: het patroon vertaalt een tweedimensionale ontwerpersschets weer in een vlak, maar om dat te kunnen is het vooraf nodig zich van de ontwerpschets een driedimensionale voorstelling te maken. Pas dan kan het patroon worden uitgezet.

De projectie is geen creatieve interpretatie, maar moet een feilloos precieze omrekening zijn, als van de ene munteenheid in de andere waarbij geen verlies toegelaten is. Projectie ambieert equivalentie: het een is het ander waard, het een kan omgezet worden in het andere en omgekeerd.

Het projectievlak is het prachtige kalkpapier. Het is warm geel, 'krakelt' en ritselt (het maakt een geluid dat je meteen van alle andere papiersoorten kan onderscheiden), voelt droog en oogt vet, is ondoorzichtig (niet transparant), maar opgloeiend doorschijnend (translucide). Het grafiet van het potlood hecht zich in de fijne poriën ervan met de wellust van gesmolten boter. Als je het scheurt zie je dat het dik en vezelig is. Bij het kalkpapier breken de vezels en laten een wit breuklijntje achter; in de stof daarentegen breken de vezels niet maar buigen voortdurend. Het leggen van kalkpapier of textiel op de naaitafel is een heel andere handeling. Het kalkpapier valt nooit in een drapering neer; je kunt het haast stijf optillen. De combinatie van kalkpapier en textiel in het atelier vormt een verrukkelijk tactiel feest.

Het kalkpapieren patroon wordt vastgespeld op de stof – zoals een modeltekening via kleine perforaties houtskoolsporen achterlaat op de vers aangebrachte plaaster voor een fresco. Even ligt het kalkpapier vastgepind op stof, dan zet de schaar de patroonvorm over in textiel. Zo zijn er twee ver-

appears figurative and analogous, but it is in the main a system of drawing with conventional symbols for buttons, stitches, pleats, and darts. For every pattern there is an implicit code, in the same way that maps use conventional icons to identify roads, railway lines, waterways, elevations, and so on.

The model is a working protocol. Follow the steps and you will arrive at the intended result – as you would with a cookbook, a handbook for a photographic darkroom, an owner's guide for an appliance. The pattern is a model, a musical score, a dialogue. Its text directs us through a process of making: 'first this, then that'. In the hands of the dressmaker, the pattern unfolds into a process, a procedure working its way through time. In the same way that a house is built, everyone following its construction with fascination, so too is a suit assembled, one step at a time. It is in the pattern that this process is bundled together and condensed, like the oak in an acorn.

Making a model – 'modelling' – is also 'projection'. The pattern projects a three-dimensional object onto a flat surface. It is often, however, even more complex than that. Again, the pattern translates a two-dimensional design for a different flat surface, but beforehand, in order to do so, it is first necessary to have a three-dimensional representation of the design sketch. Only then can the pattern be laid out. The projection is not a creative interpretation, but has to be an infallibly precise recalculation, in the same way that one coin is exchanged for another, allowing no loss. Projection approaches equivalence. The one is worth the other. One can be turned into the other, and vice versa.

The surface for the projection is the beautiful pattern paper, similar to tracing paper. It is a warm yellow. It rustles and crackles. It makes a sound that instantly distinguishes it from other kinds of paper. It is dry to the touch, but looks oily, is not transparent, yet the glow shines through it. It is translucid. Graphite from a pencil adheres in the fine pores with the keenness of melted butter. If it rips, you see that it is thick and fibrous. The fibres in the paper break off, leaving behind a fine white line. In cloth, in contrast, the fibres do not break, but continue to bend. Spreading the pattern paper across a work table is a completely different action to spreading out the cloth. The paper does not fall into a pleat. It is stiff – you can almost stand it up. In the studio or in the factory, the combination of paper and textiles is a delightful, tactile feast.

The paper pattern is pinned to the fabric – the way underdrawings for a fresco are applied with charcoal to fresh plaster, through small perforations. Very briefly, the paper lies fixed to the fabric, then scissors transfer the shape of the pattern to the fabric. Now there are two versions of the

sies van de patroonstukken: één op papier en één in stof. De eerste is het resultaat van berekenen en tekenen, de tweede hoort meteen thuis in de textielhandelingen: naald en draad, snit en naad. Hier – tussen krakend papier en geluidloze stof – is er sprake van een paradigmawissel, met telkens een heel andere sensibiliteit. Het papier hoort immers bij de wereld van het tekenen en het schrijven, van de berekende herschaling, van de uiterst precieze constructie, als stak je een uurwerk in elkaar. De arbeid van de patroontekenaar is intellectueel, mathematisch. Men moet niet met vage suggesties, maar met werkbare, herhaalbare oplossingen voor de dag komen.

De stof daarentegen waarmee de stikster de toile en later de definitieve uitvoering maakt, heeft een specifieke textuur die je in de eerste plaats tactiel leest. De stof is als aarde, met een eindeloze variatie van leem of zand, kleverig tot korrelig: de stikster ploegt door de stof. Hier volstaan geen abstracte, berekende oplossingen, maar moet telkens naar een tactiel compromis met de vezelstructuur gezocht worden. Men naait een jas dan ook niet mechanisch aan elkaar, maar steekt hem tastend en proberend in elkaar: de patroonstukken worden niet in serie achter elkaar gezet, maar als een compositie in elkaar gestoken.

Projectie gebeurt steeds 'op schaal'. Projecteren is nu eenmaal geen afdruk door contact, maar een berekende, omgezette kopie. Vandaar de mogelijkheid tot vergroten – zoals het fotogram van enkele cm² omgezet wordt in tientallen m² beeld op het filmscherm – maar ook tot verkleinen – zoals de modepop in de 18de eeuw die bijvoorbeeld Gainsborough[3] in zijn atelier had.

Het kledijpatroon maakt echter van die mogelijkheid om de dimensie te wijzigen geen gebruik. Tussen het patroon als projectie en de kledij is de verhouding 1:1. De schaal manifesteert zich namelijk elders als het 'graderen', het aanpassen aan de verschillende maten. Het ontwerp wordt uitgezet in de waaier van maten. Door de mechanisering en industrialisering van de confectie leidt de vraag naar een overzichtelijke typologie van maten en naar gestandaardiseerde procedures voor de aanpassing aan die maten tot een gemathematiseerde kennis[4]. Het visuele resultaat van deze schema's en berekeningen is in patroonboeken steeds fascinerend: hun vage verwantschap met de bewegingsanalyses van Marey zet aan tot nadenken.

Het 'op maat' geeft de spanning aan tussen de algemeenheid van het ontwerp en de particulariteit van ieder lichaam dat het kleed in een specifieke maat koopt. Tussen het algemene, visuele voorstel van een model en het eenmalige van een maat ligt een intrigerende kloof die de patroonontwerper moet oplossen. Het ontwerp is eigenlijk maatloos; de patroontekenaar analyseert het tot een schematisch ensemble van onderdelen, maar moet het patroon ook verder

pieces of the pattern; one in paper and the other in cloth. The first is the result of calculations and careful drafting. The second is instantly at home amongst the accoutrements of the textiles world, with needle and thread, dart and seam. Here, between crackling paper and soundless fabric, there is a switch in paradigm, each with its own very different sensibilities. Paper belongs to the world of drafting and writing, the world of a calculated re-scaling of things, of the infinitely exacting construction, as precise as the making of a clock. The patternmaker's work is intellectual, mathematical. One must not show up with vague suggestions, but with workable solutions.

In contrast, the cloth in which the seamstress bastes together first the toile and later the definitive version, has a specific texture, which you initially read as very tactile. Cloth is like the earth, with an endless variety of loam or sand, from sticky to grainy. The seamstress digs into, ploughs through the fabric. No abstract, calculated accounting will suffice here, but a tactile compromise must be sought with the structure of the fibres. A jacket, therefore, is not just mechanically sewn together, but stitched, sensitively and critically, piece by piece. The pieces of a pattern are not assembled in series, but individually attached, joined together in a true composition.

Projection always occurs 'in scale'. Projection is not making a print via direct contact, but by way of a calculated, transferred copy. This gives it its potential both for enlargement, the way that a photogramme of a few square centimetres can fill a cinema screen several metres across, and for reduction, like the 18th-century fashion dolls that Gainsborough kept in his studio[3].

The dressmaker's pattern in fact makes no use of this potential to alter dimension. Between the pattern as a projection and the article of clothing, the scale is one to one. Scale is actually manifested elsewhere, in gradations, in the ability to adapt to various sizes. The design is set out in a fanning array of sizes. The mechanization and industrialization of off-the-rack fashion have led to the demand for a clear typology of sizing, and standardized procedures have led to knowledge being presented in mathematical form[4]. In pattern books, the visual results of these tables and calculations continue to fascinate. Their vague kinship with Marey's analyses of movement give pause for thought.

'Made to fit' indicates the tension between the design and the specific particularities of each body, whose owner purchases the article in a given size. Between the general, visual image of a model and the uniqueness of a given size lies an intriguing gap that the pattern designer needs to resolve. The design is in fact without measure, without size; the patternmaker analyzes it all into a schematic ensemble of parts, but must also be able to project the pattern further within

kunnen projecteren op het scala van de maten. De patroon-tekenaar maakt dus een aantal glijdende overgangen: van het ontwerpersidee tot aan het weerbarstig eigenzinnige lijf van de klant. Hij is in die zin meteen een metafoor voor elk bewustzijn van en handelen met het concrete: genezen en liefhebben, aanleren en macht uitoefenen, schoonheid scheppen en vruchten kweken. Telkens moeten abstracte ideeën in praktijk worden omgezet. Overal die wonderlijke alchemie van het algemene en het specifieke.

Het passen van de toile – een eerste uitvoering in baalkatoen van het patroon – laat deze logica heel expliciet zien. Een mannequin wordt uitgenodigd deze eerste versie op basis van het patroon aan te trekken: hoe valt deze patroonversie? De idee van de ontwerper en de technische interpretatie ervan door de patroontekenaar kunnen pas op een levend lichaam geverifieerd en aangepast worden. Het is zoals een filmdialoog die op papier mooi kan lezen, maar uiteindelijk goed in de mond van de acteur moet liggen: meestal moet die dialoog naar de mond van de acteur herschreven worden. Die onbepaalbare marge van verificatie, compromis en overleg, eigen aan deze uitvoerende fase, ontmoedigt de abstract denkende mens die heldere categorieën wil kunnen hanteren. Het samenspel tussen lichaam en ontwerp, tussen patroon-tekenaar en ontwerper, tussen stof en vorm, tussen drapering en naad is voor de buitenstaander ontmoedigend ongrijpbaar en dus banaal of juist fascinerend door de veelheid en complexiteit van factoren die tegelijk zo spontaan en met zoveel praktisch succes worden ingezet.

HET HILARISCHE PATROON

Het patroon is voor de textielwerker een schematisch werk-instrument, maar oogt voor de kijker als een karikatuur. Het is leeg als een kindertekening of als informatieve beeld-grafiek. Het ligt open als een fossiel, het zit in elkaar als een trekpop. Sommige delen zijn herkenbaar, andere nemen groteske dimensies aan, wilde vervormingen voor een fanta-siewezen.

Het patroon is ongewild hilarisch met zijn onverwachte ver-bredingen en vernauwingen als in een spiegelpaleis. Sommige plastische passages ogen als extreem maniëristi-sche complicaties. Net zoals een anatomische plaat de huid oplicht én de spieren en organen blootlegt in dunne, uit-waaierende lagen[5], zo maakt ook de patroontekenaar niets minder dan een anatomische analyse van het ontwerp. Vergeleken met de ontwerpschets van de couturier, of met de latere modetekening of -foto is het patroon een lugubere demontage, waaruit iedere beweging verdwenen is ten voordele van een klinische en hiërarchische fragmentering. Het patroon houdt het midden tussen de herkenbaarheid van de menselijke figuur (hals, armen, benen) en nauwelijks herkenbare deformaties (voor jurken en jaspanden). Meestal

the range of sizes. He therefore makes a number of fluid transitions, from the designer's idea to the stubbornly wilful contour of the customer. In this sense, he is a metaphor for every contemplation and handling of the concrete: healing, loving, learning, exercising power, creating beauty, and sow-ing the seeds of harvested fruit. Again and again, abstract ideas must be adapted to practical use. Everywhere, there is the wondrous alchemy between the general and the specific. Fitting the muslin toile – a first implementation, a trial run for the pattern in raw cotton – explicitly demonstrates this logic. A human mannequin is invited to try on this first ver-sion based on the pattern: how does the fabric fall? The designer's idea and its technical interpretation by the pat-ternmaker can only be verified and modified on the living, breathing body. It is like a film dialogue that may read well on paper, but in the end has to roll smoothly on the tongue of the actor: that dialogue usually has to be rewritten for the mouth of the speaker. That unmeasured margin of verifica-tion, compromise, and negotiation, unique to this production phase, discourages the abstract thinker who wants to be able to uphold decisive categories. The interplay between body and design, between patternmaker and designer, between fabric and form, between drapery and seam is dis-couragingly difficult for the outsider to grasp, and conse-quently banal or indeed fascinating because of the number and complexity of factors that are simultaneously so sponta-neously applied, and with so much practical success.

THE HILARIOUS PATTERN

For those who work with textiles, the pattern is a schematic working instrument, but to the outside observer, it looks like a caricature. It is empty, like a child's drawing or a statistics graph. It lies open like a fossil, sits inside itself like a jack-in-the-box. Some parts are recognizable. Others assume grotesque dimensions, wild distortions for a fantastic being. The pattern is unintentionally hilarious, with its unexpected expansions and contractions, like those of a circus mirror. Some spatial passages appear as extremely mannerist com-plications, the same as in an anatomical illustration that peels away the skin to expose the muscles and organs in thin, fanning layers[5]. So too, the patternmaker draws out nothing less than an anatomical analysis of the design. Compared to the sketch of the fashion designer, the couturi-er, or to the fashion illustration or fashion photograph down the line, a pattern is a lugubrious dismantling, from which all movement is eradicated on behalf of clinical and hierar-chical fragmentation.

The dressmaker's pattern holds the middle road between what we recognize of the human figure (neck, arms, legs) and barely recognizable distortions (for dresses and jackets). Distortions are usually something pushed in or together, but

zijn vervormingen samendrukkend; hier in het patroon zijn ze vooral uitwaaierend. De in de kledij geprojecteerde figuur wordt als een vloeistof uitgesmeerd; de jurken plooien als reusachtige vlerken van piepkleine vleermuizen uit. Zo vibreert het patroon tussen herkenning en vervreemding, tussen vorm en vervorming, tussen de nabijheid van het lichaam en de afstand van een prehistorisch organisme.

Het patroon is dus geen huid, maar een verpakking. Zoals het inpakpapier zoveel keren groter is dan het ingepakte, zo beslaat het patroon een veel grotere oppervlakte dan de huid die bedekt moet worden. Er is steeds zoveel meer stof nodig dan huid. In het schilderij *Apollo en Marsias* van Ribera (1637)[6] zijn er twee stukken stof te zien: de afgestroopte huid van Marsias is een rood lapje dat van zijn poot getrokken wordt; rond de serene Apollo flapt een weidse rode doek in de wind. De huid van Marsias is nauwsluitend, het doek van Apollo echter is een overweldigend en genereus volume. Op dezelfde manier bemiddelt de patroontekenaar tussen huid en doek, tussen de biologische natuur en de ademende drapering, die mythisch onbepaald is.

Zo herinner ik me een subtiel sadisme in de wijze waarop mijn moeder het *Burda*-patroon op de stof overbracht (met naalden en een wit textielpotlood), het knipte, dan op de rug van mijn zusje drapeerde en het daar vervolgens weer van afnam. Even waren stof en rugje één: een gekleed meisje; dan hing de stof met naalden vastgehecht tussen mijn moeders vingers als een slap melkvelletje op een theelepeltje.

Ook in het beroemde *Zelfportret met model* (1927) van Christian Schad wordt veel met textiel verteld: niet alleen met een lint geknoopt tot armband, een doorschijnend gordijn, verfrommelde lakens na het vrijen, een paars deken met vierkantjes of een rode kous rondom het model haar dij. Maar vooral met het doorschijnend groene hemd — waarmee de schilder zijn behaarde borst en zijn tepels laat zien — met een open kraag die hij met een vetertje dichtknoopte. Precies in die dichtgeknoopte kraag kantelt de koket doorschijnende zijde in een groene huid, dichtgemaakt met een hechtings-draad. Des te onweerstaanbaarder wordt die associatie omdat het model in haar gelaat een breed litteken draagt met zes hechtingen. Zowel bij Ribera, bij Schad als in mijn kinderherinneringen krijgt de configuratie van 'snit en naad' een verontrustende dimensie.

DE LASNAAD

Geen patroon, noch voor drapering, noch voor huid. Het patroon veronderstelt dat men textiel een constructie wil opleggen of de huid wil markeren. Drapering beperkt zich tot gesp en gordel; de stof wordt gewikkeld, omgeslagen, geplooid en geknoopt. Er gebeurt geen enkele blijvende ingreep — iedere drapering is weer uniek, iedere vorm is vrij, dus vormeloos. Hoe anders de genaaide kledij. De naad is als het gebinte

here in the pattern they are usually expansions. Projected into garments, the figure spreads out like a liquid. The gathers of the dress fan out like the giant pinions of a tiny bat, so the pattern vibrates between recognition and alienation, between the nearness of the body and the unfathomable distance of a prehistoric organism.

The pattern, therefore, is not a skin, but a packaging. In the same way that wrapping paper is so many times larger than the object it is wrapped around, the pattern has a far greater surface area than that of the skin to be covered. There is always so much more cloth needed than the skin we begin with. In Ribera's 1637 painting, *Apollo and Marsias* [6], we see two pieces of material. A red rag of peeling skin is being pulled from Marsias's foot but, around the serene Apollo, a broad piece of red cloth flaps in the wind. Marsias's skin fits tightly, but Apollo's great cloth is an overwhelming and generous volume. In the same way, the patternmaker mediates between skin and loose fabric, between biological nature and breathing drapery, mythically unbound.

I am reminded of a subtle sadism in the way my mother attached a *Burda* pattern to the cloth, with sewing pins and a white textile marker, how she cut it, then draped it across my sister's back, then removed it again. For a moment, fabric and back were one: a girl, clothed. Then the fabric and its pins hung clamped between my mother's fingers, like a congealing film of milk stuck to a teaspoon.

In Christian Schad's famous *Self-Portrait with Model* (1927), the tale is also told with a profusion of textiles: a ribbon cut into an armband, a transparent curtain, sheets crumpled from lovemaking, a purple blanket with squares, a red stocking around the model's thigh, but most of all, with the transparent green shirt — through which the painter shows off his solid chest and nipples — with an open neckline, which he is lacing back together. Precisely here in the lacing of the collar, the flirtatious, transparent silk turns into a green skin, sewn together with the ligature used for stitching wounds. The association becomes all the harder to resist, as the model's face bears the scar of six stitches. In both Ribera and Schad, as well as in the recollections of my youth, there is a disconcerting dimension in the configuration of 'cut and seam'.

THE SEAM

There is no pattern for drapery, no pattern for skin. A pattern presumes that one wants to superimpose a textile construction, or to mark the skin. Drapery is limited to the buckle and the belt. The fabric is gathered, turned over, pleated, and knotted. There is not a single permanent intervention — drapery is always unique. Each form is free, hence without form. How different the clothing, the garment that is sewn together. The stitches of the needle are like beams support-

van een dak, als de tuigage van een zeilschip. Zijn constructielijnen zijn de masten of de stokken, met hechtingspunten en kabels van een circustent. Eerst ligt het tentzeil nog plat en verfrommeld op het grasveld[7], dan gaan de stokken recht en spant het doek zich triomfantelijk tot een hijgend volume. Zo tilt de naaister langs de naden en punten, met knippen en stikken de stof op, zodat ze zich vult met volume. Zoals het scheepszeil omhooggaat en bollend wind pakt, zo draagt de mens textiel: hij blaast er niet alleen zijn lijf, maar ook zijn temperament en zijn passies in. Zoals het innerlijk zich in kledij veruitwendigt, zo zit het menselijk geraamte binnenin het lijf en zijn de naden het textielgeraamte aan de buitenkant.

Drapering is een geut textiel, met vernauwingen en verbredingen, sluizen en watervallen, delta's en stilstaande zijarmen. De drapering ontplooit de stof door ze op strategische momenten samen te drukken. De sjerp is een van de laatste objecten waarin onze kledij ons laat spelen met dat uitgieten van stof. Men knoopt de sjerp om hem vast te zetten zodat men hem dan in twee panden los kan laten hangen. Gedrapeerd textiel is pure energie. We kunnen er een frivole regelloosheid in leggen.
Hoe anders de geknipte stof, precies opgespannen binnen de naad, als in een folterende trekmachine. Geen gul textiel, maar een afgemeten constructie, met zo weinig mogelijk stofverlies. Geen *négligé*, maar een *serré*. De gedrapeerde stof valt; de geknipte stof trekt aan in de naad. De naad is de plaats waar de energie van de drapering omgezet wordt in de spanning van een constructie. De energiestroom van de op de werktafel uitgespreide stof wordt herleid tot een lokale energieconcentratie, een accumulatie van spanning en kracht. Er zit zowel bij het dragen van als bij het kijken naar een jas of broek steeds spanning op; hoogspanning zelfs. De patroonontwerper plaatst, regelt en doseert die spanning. De schets van de ontwerper suggereert een bepaalde intensiteit en distributie van spanning die door de patroontekenaar precies geïnstalleerd moet worden. Er is een specifieke *énergie-Chanel*, zoals er een specifieke *energia-Armani* bestaat.

Die naad lijkt op de las van een filmmonteur. De overgang van het ene naar het andere beeld helpt vertellen, maar doet dat op een bepaalde manier, met grotere of kleinere energie, verrassende *jump cut* of elegante *continuity*. De *Schnitt* van de monteur is geen wegknippen, maar een aan elkaar knippen. Ook bij het patroon is het losknippen geen doel op zich, maar de voorwaarde om aan elkaar te stikken. Snijden is in beide gevallen steeds verbinden; het fragmenteren van de *coupure* is slechts de doordruk van de *couture*. De plaats waar de las, de naad gelegd wordt, bepaalt de energie en zo de ziel van het kledingstuk. Waar je de naad legt is — net als in film — een technische, maar tegelijk ook altijd een esthetische en zinnelijke keuze.

ing a rooftop, the ropes of a sailing ship. The lines of the construction are its masts or pillars, the cables and joints of a circus tent. First, the canvas of the tent lies flat and crumpled on a field of grass[7], then the poles are raised and the canvas triumphantly reaches upwards, heaving into shape and volume. So too does the tailor lift up the cloth, making cuts and stitches along the seams and corners, until it fills. As the sail of a ship rises up and balloons as it takes the wind, so the individual carries his own fabrics. Into them he breathes not only his body, but also his temperament and his passions. As the inner self turns outward in apparel, so the human frame sits within the body, and the seams are the exterior frame of the fabric.

Drapery is a gully in textiles, narrowing and expanding with sluices and waterfalls, deltas and still-lying tributaries. Drapery opens out the cloth by pinching it together at strategic moments. The sash is one of the last remaining elements with which our attire lets us play with that outpouring of fabric. We make a knot to attach it, creating two separate edifices of drapery. Draped textiles are pure energy. We can invest them with a frivolous unruliness.
How different the cut fabric, stretched meticulously between the seams as if tortured on the rack. Here are no furrows, but a measured construction, with as little waste as possible. Not a *négligé*, but a *serré* — an enclosure rather than an omission. Draped fabric falls loose, where cut fabric is pulled into the seam. The seam is the translator, the place where the energy of drapery is transformed into the tension of construction. The stream of energy in the fabric spread across a table is redistributed into a localized concentration of energy, an accumulation of tension and strength. Tension — even high tension — always rises in wearing or looking at a jacket or a pair of trousers. The patternmaker situates, regulates, and measures out that tension. The designer's sketch suggests a certain intensity and distribution of that tension, which must be precisely applied by the patternmaker. There is a specific *énergie-Chanel*, just as there is a specific *energia-Armani*.

The seam is like the film editor's splice. The transition from one image to the other helps tell the story, but it does so in a certain way, with greater or less energy, with a surprising *jump cut* or stately *continuity*. The editor's *Schnitt* is not a cutting away, but cutting together. In the case of the pattern, too, cutting off is not a goal in itself, but the prerequisite for stitching together. In both cases, cutting is always a connection. The fragmentation of the *coupure* simply reveals the trace of the *couture*. The place where the splice, where the seam is put determines the energy and hence the soul of the clothing. Deciding where to put the seam in a garment — as in film — is a technical decision, but also an aesthetic one, a sensual decision.

De naad is de 'signatuurlijn' van het ontwerp. De naad is een van de vele verschijningsvormen van de lijn, constituerend voor kledij. De lijn van een drapering is onherhaalbaar en permanent in beweging; de lijn van het patroon ligt daarentegen vast; waar je die legt is dus cruciaal. Die lijn is niet de inspiratie van de drager, maar van de ontwerper. De lijn wordt vastgestikt. Het is *la griffe* van een ontwerper; de tatoeëring van het textiel. Ook in de ontwerptekening, ook in de modetekening[8], ook in de pose van een mannequin voor een modefotograaf of in de terminologie van het silhouet komt die thematiek van de lijn terug. Het dragen van een kledingstuk is essentieel het dragen van een lijn. Deze dramatische lijn vol karakter is een prachtige vertaling van de bewegingskunst die in kledij tot uitdrukking komt. De lijn van de ontwerper geeft een bepaalde snelheid, een bepaalde bewegingsstijl aan, die in de vrije draperie zo zuiver, maar ook zo *evanescent* te zien is. De lijn is een vaste, vereenvoudigde en vooral verharde draperie.

De lijn is echter in de patroontekening niet te vinden: zijn meetkundig karakter, als dat van de kadastrale lijn, is ontdaan van energie, agressie, karakter, temperament. Toch is de patroonlijn de voorwaarde voor de heftigheid waarmee *la griffe* een ontwerp tot in zijn ziel definieert. De lijnen van het patroontekenen vormen een netwerk van kruisende, strakke hoeken en bogen. Deze analytische weergave van de draperende naadlijn in de stof laat zien dat het patroon tot een heel ander paradigma behoort: dat van de machineconstructie, niet dat van de werking van de machine.

Bij het passen van de toile zie je hoe het werk van de ontwerper balanceert tussen de lijn van het ontwerp en de paslijn die het lichaam van de mannequin eraan oplegt. Twee soorten gebaren geven het verschil tussen die twee lijnen aan: een strelend, zachtjes loskloppend gebaar waarmee het kledingstuk goed gehangen wordt. Het draperende gebaar van het passen. Daartegen staan de meestal horizontale, vinnige gebaren, snijdend en dwars op de val van de stof. Dat is de lijn van de naad, van de *Schnitt*. In het eerste gebaar wordt ingespeeld op het unieke lichaam van het model, in het tweede gebaar wordt de logica van het ontwerp tegen het lichaam geplaatst. Tussen dat strelende en dat hoekige ligt de regie van het textiel door de ontwerper. Tegelijk onverbiddelijk én soepel, afgemeten snijden én losjes kneden — zoals grote regisseurs met hun acteurs omgaan.

POPPEN VAN PAPIER

Het patroon spreekt dezelfde taal als de blokkendoos, als lego, meccano en kapla. De stukken schreeuwen om in het gelid te staan. Nog het dichtst kom ik hierbij in de buurt met de chromolithografische plaatjes met hun figuurtjes, kledingstukken en objecten, voorgedrukt en uitknipbaar. Je had vooral lipjes en gleufjes in acht te nemen want daar

---

The seam is the 'signature line' of a design. It is one of the many forms of appearance of the line, a constituent of apparel. The line of drapery cannot be repeated. It is in permanent motion. The line of the pattern, in contrast, is set: where it is put is crucial. That line is not the inspiration of the wearer, but of the designer. The line is stitched in place. It is *la griffe* of a designer, the tattooing of the fabric. In the design drawing, in the fashion drawing as well[8], in the pose of a fashion model for a photographer or in the terminology of the silhouette, the theme of the line always returns. Wearing an article of clothing is essentially the wearing of a line. This dramatic line, full of character, is a beautiful translation of the art of movement expressed in apparel. The line of the designer indicates a certain speed, a certain style of movement, which can be seen in so pure, so *evanescent* a form in drapery. The line is a fixed, simplified, and most of all, hardened drapery.

The line cannot in fact be seen in the pattern drawing. Its measured character, like that of the line dividing parcels of property, is stripped of its energy, aggression, character, temperament. Nonetheless, the pattern line is the prerequisite, the condition for the strength with which *la griffe* defines a design, down to its soul. The lines of the pattern drawing form a network of strictly intersecting angles and curves. This analytical reproduction of the draping line of the seam in the fabric shows that the pattern belongs to a completely different paradigm — that of the machine construction, not that of the machine at work.

Fitting the toile reveals how the designer's work balances between the line of the design and the fit imposed by the body of the model or the wearer. Two kinds of gesture indicate the difference between these two lines. One is a caressing, softly pulsing, loosening gesture with which the garment is correctly hung — the draping line of the fit. In contrast are the usually horizontal, sharp gestures, cutting right across the fall of the fabric. This is the line of the seam, of the *Schnitt*, the tailoring. The former gesture plays on the uniqueness of the body of the model. In the latter, the logic of the design is set against the body. Between the caress and the angle lies the direction that the designer gives the fabric. Simultaneously unrelenting and supple, between measured cuts and gentle kneading, it is the way great film directors guide their actors.

PAPER DOLLS

The pattern speaks the same language as a child's box of blocks, as Lego, Meccano, or Kapla. The pieces cry out to be in rank and file. I come closest to them when I think of those chromo-lithograph reproductions of little figures, articles of clothing and accessories, pre-printed and ready to cut out. You had to pay particular attention to the tabs and slots, for

A.F. VANDEVORST
'Blessed' | Winter 2000-2001

PATRONEN: DE TENTOON-STELLING

PATTERNS: THE EXHIBITION

55

'Blessed' | Winter 2000-2001

58

ANGELO FIGUS

Winter 2000-2001

ANGELO FIGUS

Winter 2000-2001

63

64

ANGELO FIGUS
Winter 2000-2001

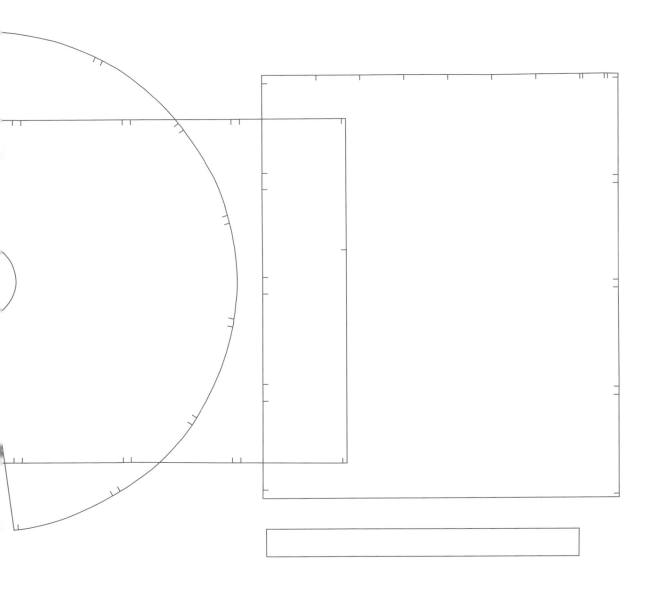

YVES SAINT LAURENT

Haute couture | Winter 1996-1997

CHRISTIAN LACROIX

Haute couture | Zomer | Summer 2002

HUSSEIN CHALAYAN

'Victorian Leather Jacket' | Zomer | Summer 2002

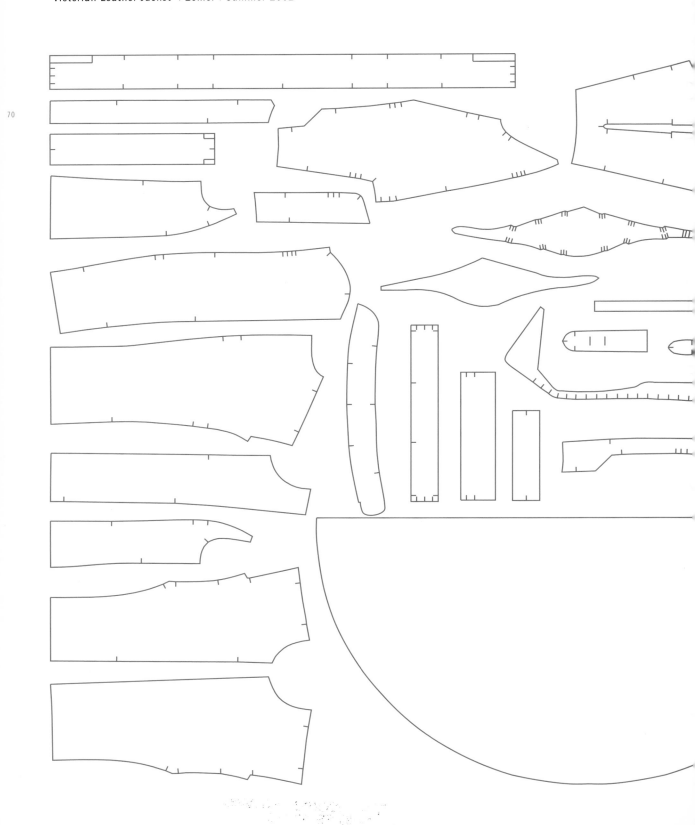

VERONIQUE BRANQUINHO

'Amy' | Zomer | Summer 2002

VERONIQUE BRANQUINHO

'Amy' | Zomer | Summer 2002

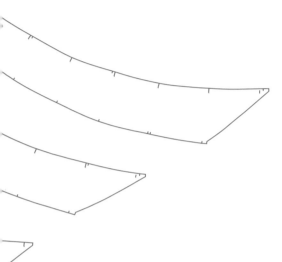

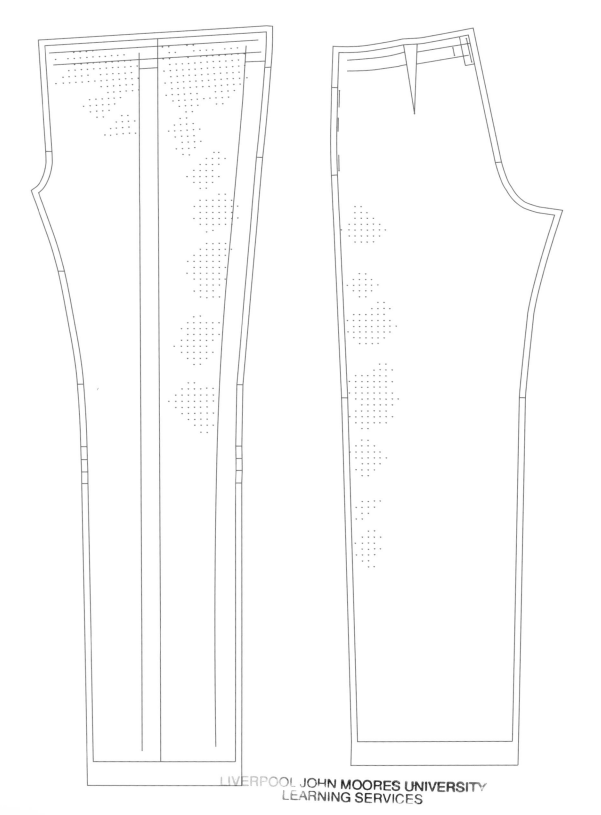

PATRICK VAN OMMESLAEGHE

Zomer | Summer 2001

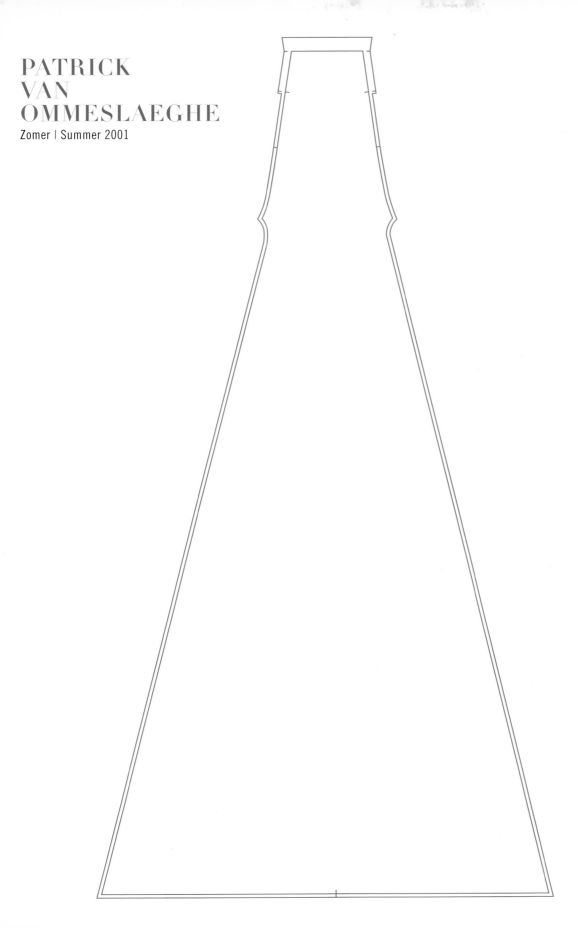

GENEVIÈVE
SEVIN-DOERING
'Costume d'Arganthe', 1994

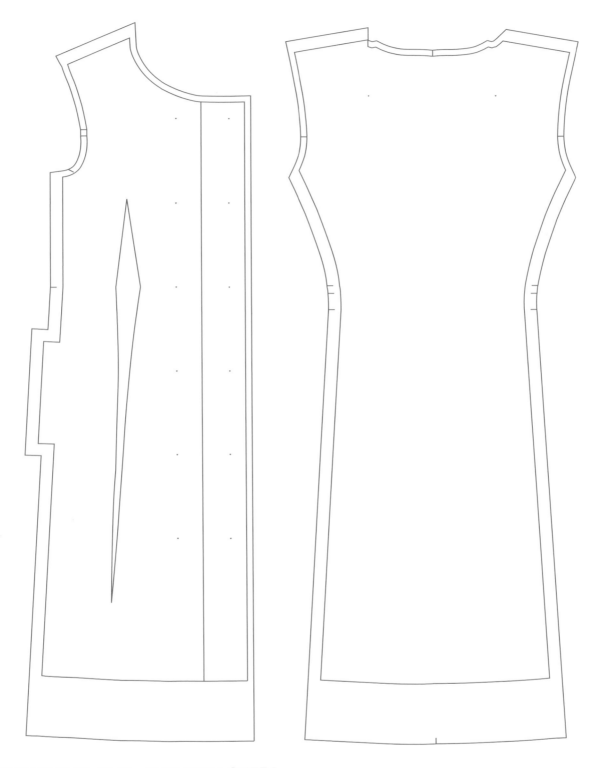

HUBERT DE GIVENCHY

Mantel van de hertogin van Windsor, 1969

Coat of the Duchess of Windsor, 1969

GENEVIÈVE
SEVIN-DOERING

'Costume d'Arganthe', 1994

ROMEO GIGLI

Winter 1991-1992

WALTER VAN BEIRENDONCK
Winter 1999-2000

YOHJI YAMAMOTO

Zomer | Summer 2000

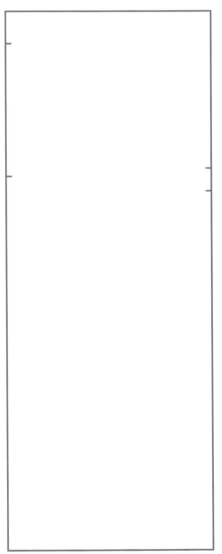

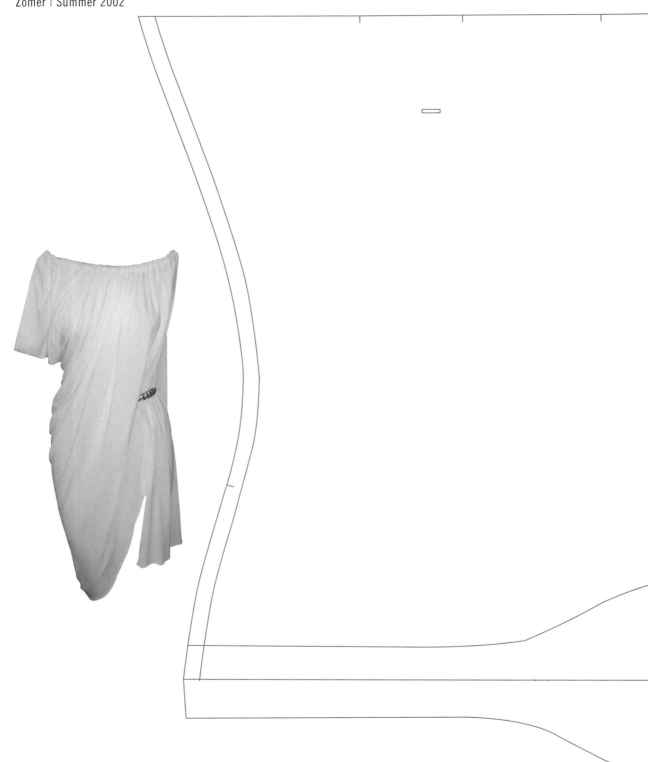

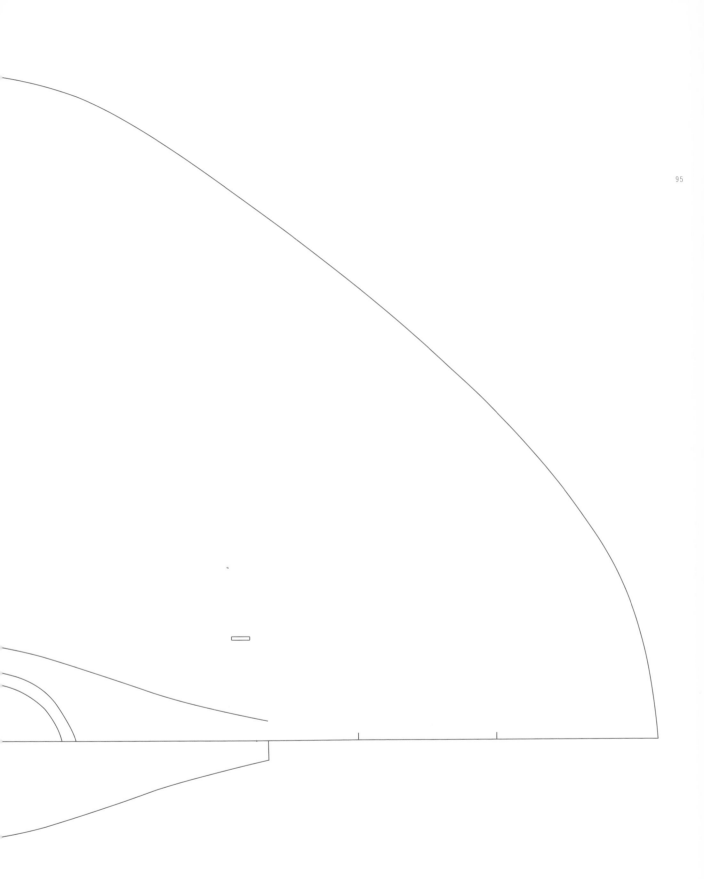

MOMU

Avondkleed jaren 1930-1935, gift Mevrouw Maes
Evening dress, 1930-1935, gift Mrs. Maes

JEAN-PAUL GAULTIER

'La Mariée' | Haute couture | Winter 2002-2003

JOHN GALLIANO
POUR CHRISTIAN DIOR

Haute couture | Zomer | Summer 2000

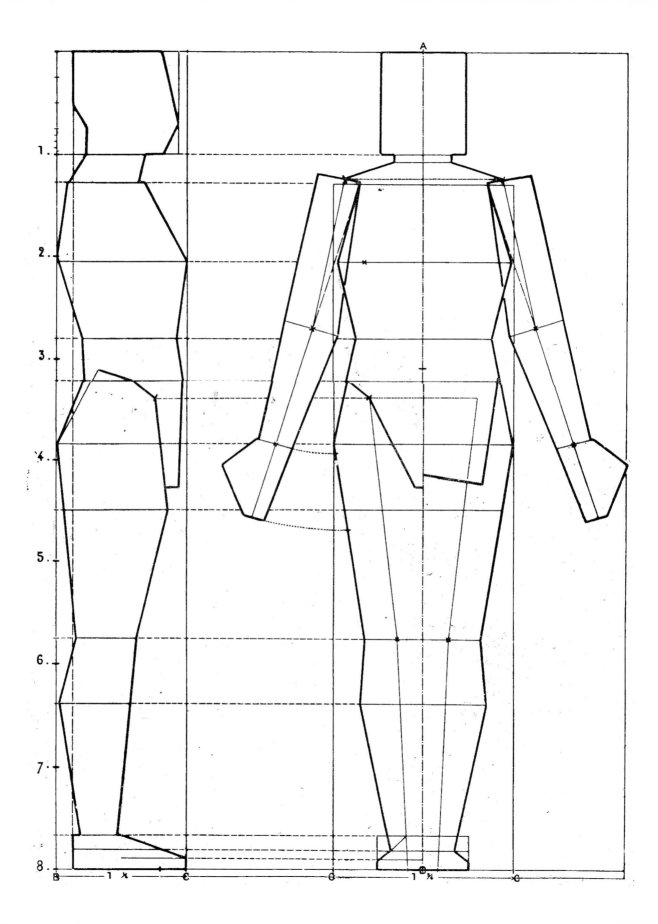

HET STOFFELIJKE GELUID

MATERIAL SOUND

KAN HET LICHAAM GEMETEN WORDEN? EEN LICHAAM IS ALTIJD slechts één lichaam. Het is specifiek en particulier, met gebreken en afwijkingen van een ideale standaard, maar het zijn juist wel die eigenaardigheden die een lichaam 'eigen' maken.

Modeontwerpers staan steeds opnieuw voor een onmogelijke opdracht. Zij ontwerpen voor het menselijk lichaam. Spreken over hét menselijk lichaam betekent echter dat je een veralgemening maakt, waarbij je elk individueel lichaam geweld aandoet. Het textiel dient zich aan te passen aan het lichaam, terwijl het gesneden wordt uit één enkel patroon dat bestemd is voor vele van elkaar verschillende lichamen. De afmetingen van het lichaam mogen dan al correct worden opgenomen, ze zijn nooit helemaal 'juist'.

In de inkomhal van de tentoonstellingsruimte maakt de afbeelding op de muur treffend duidelijk hoe radicaal het lichaam gekwantificeerd kan worden. Als rechthoeken en vierkanten het lichaam zouden vervangen, zou er altijd een overschot zijn. De geluidsinstallatie getuigt van dat overschot aan vleselijkheid. Wat je hoort, is gebaseerd op de akoestische sporen die een lichaam achterlaat: het wringen van handen, de droge tik van een elleboog, het strijken over een rug, het knappen van een vinger, het samentrekken van huid, het gekraak van een gewricht… Deze samples waaraan de installatieklanken zijn onttrokken, kunnen worden beschouwd als restgeluiden: alsof ze datgene wat niet past binnen de visuele representatie van een lichaam in geometrische vormen, datgene wat er overschiet, het teveel aan vel, vertegenwoordigen. Bovendien zijn die klanken digitaal bewerkt, waardoor de referentie aan het lichaam onherkenbaar wordt. Het zijn nog louter sporen van een onbepaalde fysicaliteit, losgemaakt van hun concrete oorsprong in het lichaam. Dat effect wordt versterkt door de verdeling van de klanken over de verschillende luidsprekers, waardoor de eenheid van het lichaam helemaal versplintert en vervangen wordt door een gefragmenteerd en *displaced* lichaam, bestaande uit sporen die zijn blijven hangen in de ruimte. Deze operatie verwijst naar de berekening van het lichaam in abstracte figuren: in het patroonontwerp benadert men immers ook de lichamelijkheid door ze uit elkaar te trekken in verschillende onderdelen en vormen.

Kan het lichaam becijferd worden? De kwantificering van het lichaam houdt in dat het wordt omgezet in cijfers en symbolen,

CAN THE BODY BE MEASURED? A BODY IS ALWAYS JUST ONE body. It is specific and particular; it has deficiencies and it deviates from an ideal standard. It is exactly those peculiarities, however, that make for the individuality of each particular body.

Every day, fashion designers face an impossible task. They design for the human body. Speaking about the human body already means you are generalizing and thereby violating the unique body we each possess. Fabric needs to adapt to each body, while at the same time it is cut out of one single pattern, a pattern that is designed for many different bodies. Though the sizes of the body might be standardized correctly, they will never be entirely 'right'.

The drawing on the wall in the exhibition entrance hall clearly illustrates how radically the body can be quantified. If squares and rectangles can replace the body, then there will always be remainders. The sound installation bears witness to this remainder of corporeality. You hear the acoustic remnants that are left behind by bodies. The wringing of hands, the dry tick of an elbow, the brushing of a back, the snapping of a finger, the contraction of skin, the cracking of joints… These examples from the sound installation can be considered as 'remainder sounds'; they represent the elements which do not fit the visual representation of a body in geometrical shapes, that which is left, the surplus of skin. Moreover, these sounds are treated digitally, which obliterates their reference to the human body. They are now merely traces of an indefinite physicality, detached from their very material origin in the body. The distribution of sounds over various speakers amplifies this effect and totally shatters the unity of the body, replacing it with a fragmented and displaced concept; it now only exists in remainders and traces hovering in the entrance hall. This operation refers to the process of calculating the body in abstract figures; as when designing patterns, one approaches corporeality by dismantling it into different parts and forms.

Can the body be figured out? Quantification of the body sees all flesh converted into numbers and symbols, inches and polygons. The pattern is a two-dimensional model, an abstraction of corporeality in which the body is represented on the basis of objective and quantifiable properties. This analysis is a function of the eventual shape of the garment, ensuring that a piece of cloth will cover a body as closely as

in centimeters en polygonen. Het patroon is een tweedimensionaal model, een abstractie van lichamelijkheid, waarin het lichaam wordt gerepresenteerd op grond van objectieve, meetbare kenmerken. Deze analyse staat in functie van de uiteindelijke gedaante van het kledingstuk, teneinde textiel op een passende wijze vorm te geven op een lichaam. Die functie is volledig georiënteerd op een visuele en rationele manier van ontleden; zij is afhankelijk van de dominantie van het oog. Het lichaam moet worden ingepast in een artistiek ontwerp dat gebruikmaakt van beelden, van vormen en patronen. Het lichaam wordt drager van kunst. De confrontatie met een geluidsontwerp is interessant, omdat geluid in vele opzichten de tegenpool is van zo'n visuele representatie. Geluid is zowel ontastbaar als onzichtbaar en kan veel minder nauwkeurig afgelijnd worden, hoewel het onmiskenbaar een waarneembare fysieke aanwezigheid bezit, zeg maar een lichaam.

Terwijl in de inkomhal de klanken nog terug te voeren zijn op de sporen van een concreet lichaam, zweven in de rotonde enkel zuiver synthetische geluidsgolven door de ruimte. Deze tonen hebben geen relatie meer met enige stoffelijke of concrete werkelijkheid, maar kunnen toch gerepresenteerd worden in een voor het oog waarneembare vorm, via een machine die fase, golfvorm en richting van het brongeluid meet. Ook zij vormen patronen en geometrische figuren. Een concreet geluid daarentegen bestaat uit een complexiteit van frequenties en zou alleen maar visuele *noise* op het scherm opleveren. Daarom stelt deze geluidsinstallatie heel aanschouwelijk voor hoe efficiënt en minimaal het tweedimensionale patroon het lichaam kan abstraheren. Alleen een puur elektronisch voortgebrachte geluidsgolf bestaande uit enkelvoudige frequenties kan vormen genereren die het oog als figuren kan interpreteren. Door rechthoeken of andere veelhoeken te combineren, te draaien en te plooien verandert een patroon in een driedimensionaal voorwerp. Evenzo kan uit de manipulatie en vermenigvuldiging van sinus-, driehoeks- of pulstonen een complex geluidslichaam ontstaan.

Kan het lichaam aangeraakt worden? Eens het textiel gesneden, geplooid en genaaid is, heb je te maken met een belichaming van het patroonconcept. Als driedimensionaal object kan je het kledingstuk natuurlijk beschouwen — en zeker in een museumcontext — als een kunstvoorwerp, maar dan ga je voorbij aan de specifieke aard van de modediscipline. Beeldende kunst moet je in een expositie doorgaans ervaren op een fysiek afstandelijke manier en alleen door middel van het oog: hier is geen relatie met lichamelijkheid. Mode is echter gemaakt om gedragen te worden, ontworpen om een lichaam te bedekken of toch ten minste aan te raken. Daarom is het zinvol om kleren te voelen en ze niet alleen te bekijken. Je moet ze dragen om te weten wat ze zijn. Enkel als de textuur van het materiaal zich laat betasten, geeft het zijn identiteit prijs. Het gaat om een fundamenteel verschillende

possible. This function is fully determined by a visual and rational analysis; it is dependent on the eye. The body will have to be fitted into an artistic design deploying images, forms, and patterns. The body will wear a work of art. A confrontation with sound design is interesting, as sound is in so many ways diametrically opposed to visual representation. Sound is intangible and invisible. It cannot be defined as accurately, although it unmistakably disperses over a perceptible physical presence, or body. In the entrance hall the sounds can still be traced back to the marks left by a real body. The rotunda now, in the middle of the exhibition, has only synthetic sound waves floating through its space. These tones have no relation with a physical, tangible reality yet they can be represented in forms visible to the eye, through a machine that measures phase, waveform, and direction of the signal. These tones can also build patterns and geometrical figures. A real sound or particular noise, on the other hand, consists of a complexity of frequencies; it would therefore produce visual 'noise' on the screen. In fact, this sound installation graphically demonstrates how effectively minimalist is the two-dimensional pattern abstracted from the body. Only pure electronic sound patterns consisting of simple frequencies can generate forms that the eye can interpret as figures. By combining, twisting, and folding rectangles or other polygons, a pattern will transform into a three-dimensional object. Likewise, a complex body of sound can be created from the combination and manipulation of multiple triangles, pulses, or sine waves.

Can the body be touched? Once the fabric has been cut, folded, and stitched together, we are dealing with the incarnation of a pattern concept. Finished as a three-dimensional object, one can view the article of clothing — especially in the context of a museum — as a work of art. This does, however, deny the specific nature of fashion as a discipline. Fine arts exhibitions always have to be experienced from a distance and solely through the eye; there is no concern with corporeality. Fashion though, is made to be worn; it is designed to cover a body, or at least to touch a body. In that respect, it makes sense to be able to 'feel' clothes and not only to look at them. To know what they are you need to wear them. Fabric will only reveal its identity if you can feel its texture. A wholly different mode of perception is involved. Fabrics and textiles can never be known sufficiently if one merely studies their form. The last installation in this exhibition invites the visitor to touch. Contact with the fabric is aurally amplified so that you can hear yourself touch the material. Feeling is converted into listening, which emphasizes the multiple ways of perceiving and approaching objects in a gallery context. Moreover, the sound you hear is processed, an unexpected surprise for the visitor touching the fabric. An active intervention is requested from the visitor, but this intervention is intervened in again. The friction between skin and textile

modus van waarnemen. Stof en textiel kunnen nooit voldoende gekend zijn als je louter hun vorm bestudeert.

De laatste installatie nodigt uit tot aanraken. De aanraking van de stof door het publiek wordt auditief versterkt, zodat je jezelf kan horen voelen. Het tasten wordt dus ook nog eens omgezet in het luisteren, hetgeen benadrukt dat er meerdere vormen van waarneming mogelijk zijn en zelfs zijn aanbevolen om objecten in een museale context te benaderen. Daarenboven is de klank opnieuw bewerkt, zodat de bezoeker voor een verrassing komt te staan. Er is hier plaats voor een actieve deelname van die bezoeker, maar toch wordt op die deelname opnieuw ingegrepen. Het geluid van wrijving tussen huid en textiel lost op in de technologie van de klankbemiddeling. Misschien is het ook een illusie om te denken dat je de concrete aanraking van de blote huid en van fijne stof rechtstreeks kan weergeven. Net zoals er een patroontekening vereist is om het lichaam te verbeelden in textiel, zo is er hier amplificatie nodig om het nauwelijks hoorbare hoorbaar te maken.

Christoph De Boeck

dissolves into the technology of sound mediation. Perhaps we are deceived in thinking we can give a direct account of touch between naked skin and fine fabric. In the same way that we need a pattern to imagine the body clothed, we need amplification technology to render audible the sound of touch.

Christoph De Boeck

Bart Van Peer (31), slechtziend vanaf zijn geboorte I visually impaired from birth

Nico Vancouver (48), blind vanaf zijn 13 I blind since the age of 13

Christa Debrock (42), blind vanaf haar 28 I blind since the age of 28

BLIND
SPOT

BLIND
SPOT

MUSEA WORDEN ZICH BEWUST VAN DE NOOD AAN EDUCATIEVE inzichten bij het werken met verschillende doelgroepen. De voorbije jaren legde het culturele beleid de nadruk op de democratisering van cultuur en het ontwikkelen van een culturele competentie. Naast de ontwikkelingen in het culturele beleid benadrukte ook de overheidsdienst voor sociale zekerheid, in december 2002, het belang van aanpassingen die diensten en instellingen kunnen bewerkstelligen voor andersvaliden.

Integratie van personen met een handicap in onze maatschappij vergt 'redelijke' inspanningen van die maatschappij en haar instellingen. Het toegankelijk maken van musea ten aanzien van personen met een visuele handicap vraagt naast infrastructurele aanpassingen ook heel wat mentale en educatieve wijzigingen.

In het kader van de tentoonstelling *Patronen* werkte het MoMu *Blind Spot* uit, een educatief programma voor bezoekers met een visuele handicap. Met *Blind Spot* wil het MoMu de discussie over de esthetische perceptie van blinden heropenen. Het gaat daarbij niet uit van een kunsttheorie die de zintuiglijke totaalervaring als uitgangspunt neemt, maar hanteert een standpunt dat de polyinterpreteerbaarheid van kunst vooropstelt. Het doel is niet dat de tentoonstelling door de visueel gehandicapte bezoeker op volledig zelfstandige basis bezocht kan worden, wel dat de gedane ingrepen inzichten verschaffen in het thema van de tentoonstelling en eveneens de overige bezoekers een waardevolle invalshoek bieden.

De tentoonstelling *Patronen* bespeelt de spanning tussen het tweedimensionale patroon enerzijds en het driedimensionale kledingstuk anderzijds. Het patroon, dat gelezen kan worden als de formule van de afgesproken regels die noodzakelijk zijn om een kledingstuk in productie te brengen, kan voor een visueel gehandicapte persoon de overgang van een ziende naar een voelbare wereld begeleiden. Het geeft inzicht in het constructieprincipe van een kledingstuk, alsook in de ontwerppraktijk van de modeontwerper.

Blinden zijn bijzonder geïnteresseerd in de kennis en het begrip van de spelregels die de modewereld hanteert, omdat ze zich omwille van voor de hand liggende redenen belemmerd voelen in een autonome keuze van hun kleding en bij die keuze vaak aangewezen zijn op ouders en kennissen. Zowel het starten van een dialoog over wat mode is, welke

AS THEY WORK WITH A GREATER VARIETY OF TARGET GROUPS, museums are becoming increasingly aware of the pressures for an educational perspective. Recent years have seen cultural policy focus more and more on the need to broaden the democratic foundations of our culture and to develop cultural competence. In addition to this policy development, in December 2002 government social security services further underscored the significance of services and institutions in their adaptation to special needs groups.

Integrating people with disabilities into our society requires a 'reasonable' effort to be made by society and its institutions. In addition to infrastructural modifications, rendering museums accessible to persons with visual difficulties necessitates considerable reform of both cognitive and educational approaches.

In combination with the *Patterns* exhibition, the MoMu fashion museum has developed a programme for the sight-impaired. *Blind Spot* seeks to rekindle the discourse on the aesthetic perceptions of the blind. This is not achieved from the perspective of an art theory that presumes a total sensual experience, but rather within a framework of the multiplicity of interpretations of art. The objective is not that the exhibition be made accessible, without any assistance, to this particular group of visitors but that steps are taken to provide insight into the theme of the exhibition in an approach that is pertinent and valuable for all.

As an exhibition, *Patterns* investigates the tension between the two-dimensional dressmaker's pattern and the three-dimensional garments that it generates. The pattern can be read as a formula for the rules needed to put an article of clothing into production. For someone with visual difficulties, it can become a bridge between the world of sight and a world that can be felt. It provides insight into the construction principles of a piece of clothing, as well as into the way the fashion designer works.

Those without sight are exceptionally keen to acquire knowledge and understanding of the rules that govern the fashion world. Many are dependent on their parents or others in selecting the clothes they wear. They are restricted from making personal, independent choices in apparel due to factors that are self-evident. Starting a dialogue about the nature of fashion and the strategies at work in the fashion

strategieën werkzaam zijn binnen het modeveld, als het bespreken en illustreren van welke componenten nu een bepaald kledingstuk tot een geslaagd en erkend stuk maken, vormen de uitgangspunten van het educatieve programma *Blind Spot*. Het MoMu wil hiermee niet alleen op een frisse en vernieuwende manier 'visuele mode' begrijpbaar maken voor personen die over een verminderd of geen zicht beschikken, maar ook een actief denkproces bevorderen waarbij de visueel gehandicapte bezoeker zich vragen stelt over wat hijzelf draagt en hoe dit in verhouding staat tot wat zijn omgeving draagt.

Blind Spot bestaat uit een interactieve rondleiding met gids (op aanvraag), een videodocumentaire, een akoestische/tactiele maquette en een aantal soundscapes gemaakt op basis van de tentoongestelde kledingstukken. Het tonen van een videodocumentaire, waarin blinden en slechtzienden hun visie op mode geven, vormt een geïntegreerd element binnen de totale tentoonstelling. Op die manier vormt de videodocumentaire een referentiekader voor de visueel gehandicapte bezoeker en belicht ze mode ook vanuit een andere invalshoek. Visueel gehandicapten maken deel uit van een maatschappij waarin veel belang wordt gehecht aan uiterlijk en voorkomen. In deze videodocumentaire wil het MoMu ze een stem geven in een samenleving die esthetische coderingen en visuele waarden vooropstelt. Een vijftal blinden geven hun kijk op mode weer, vertellen over hun eigen garderobe en op basis van welke elementen ze die samenstellen.

Naast de video zal er in de inkomhal van het museum een reliëfmaquette van de tentoonstellingsruimte aanwezig zijn, begeleid door een akoestische soundtrack. Deze maquette geeft een niet-visuele impressie en een 'totaaloverzicht' van de ruimte. De functie van het oog wordt bij blinden voor het grootste gedeelte opgevangen door de tastzin, met als verlengstuk de blindenstok. Terwijl het oog meteen een overzicht kan bieden van een bepaalde ruimte, vertrekt de blinde vanuit bepaalde details om zich op die manier een indruk te kunnen vormen van het geheel. Voorwerpen zijn er niet totdat ze aangeraakt worden. Zonder enige impulsen van buitenaf wordt de ruimte voor de blinde beperkt tot het eigen lichaam. Geluiden geven letterlijk een perspectief en de mogelijkheid zich beter te oriënteren. Een akoestische maquette creëert voor de blinde een 'geluidshorizon', een ruimte die wordt opgespannen door de geluiden die hij hoort.

Neeltje Ten Westenend
Karin De Coster

world, together with an illustrated discussion of the components that contribute to making an article of clothing a successful and recognized piece, are the cornerstones of the *Blind Spot* educational programme. In a fresh and innovative way, the MoMu seeks to make fashion comprehensible to people without sight or with impaired vision. It seeks to promote an interactive process in which visually impaired visitors can ask questions about what they wear and the way it relates to the clothing of others in their environment.

The *Blind Spot* programme is comprised of an interactive tour with a guide (on request), a video documentary, an acoustic, tactile maquette, and a number of soundscapes produced to measure the articles on exhibition. The presentation of a video documentary about the fashion perceptions of blind and visually impaired people is integral to the whole exhibition. The documentary serves both as a point of reference for this visitor group and as a means of highlighting fashion from a different perspective. The visually impaired are part of a wider society that pays high regard to appearance and presentation. The video seeks to give them a voice in the context of a society that defers to aesthetic codes and image values. Five blind people speak about their ideas of fashion, their own wardrobes, and the factors that have contributed to the development of their individual style.

In addition to the video, the entrance hall of the museum will house a maquette in relief of the exhibition space, accompanied by an acoustic soundtrack as a guide. This maquette provides a non-visual impression of the total space. In the case of the blind, the eye is to a large degree replaced by the sense of touch, extended with the cane. Where the eye gives sighted people an overview of a given space, the blind proceed by gathering details in order to form an impression of the whole. Until they are touched, there are no objects. Without external impulses, space is limited for the blind to the immediate vicinity of their own body. Sounds very literally offer perspective, and a way to improve individual orientation to a space. For the blind, an acoustic maquette creates a 'horizon of sound', a space built by the sounds they hear.

Neeltje Ten Westenend
Karin De Coster

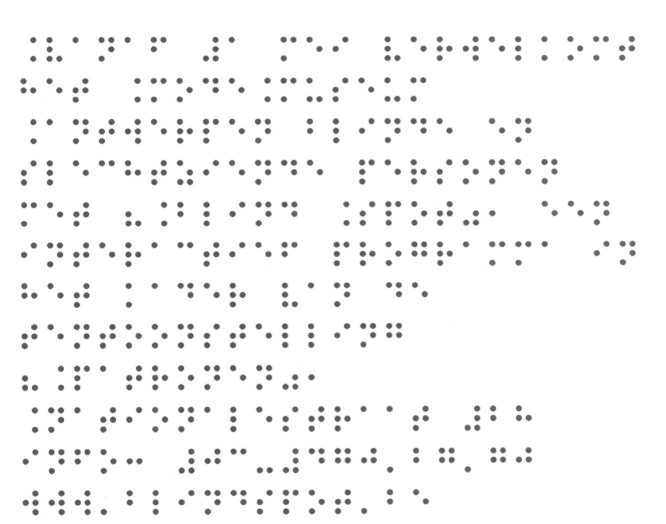

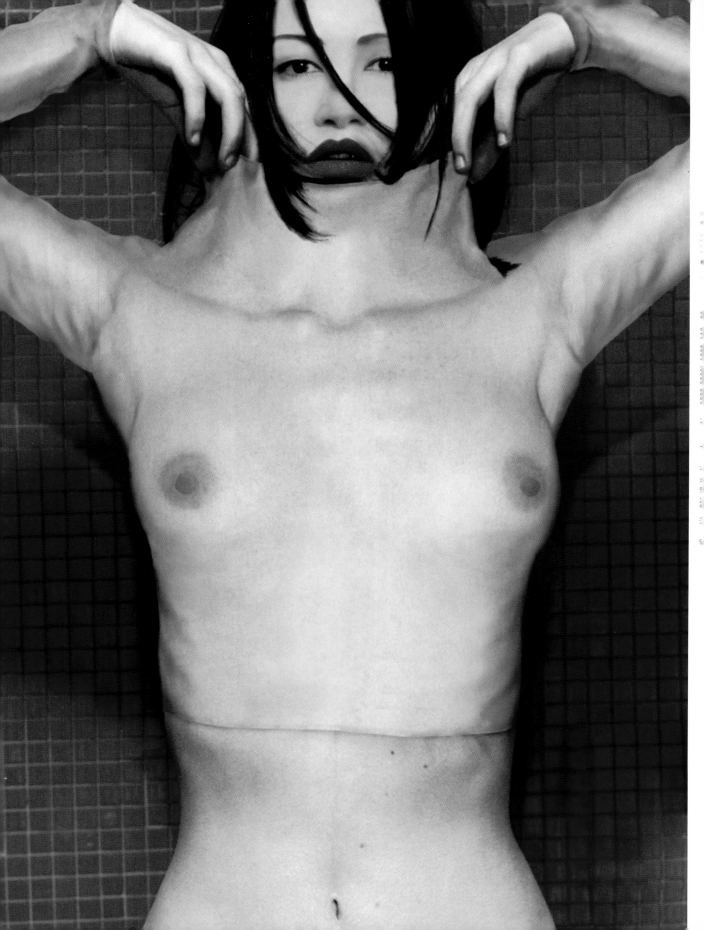

NICOLE
TRAN BA VANG

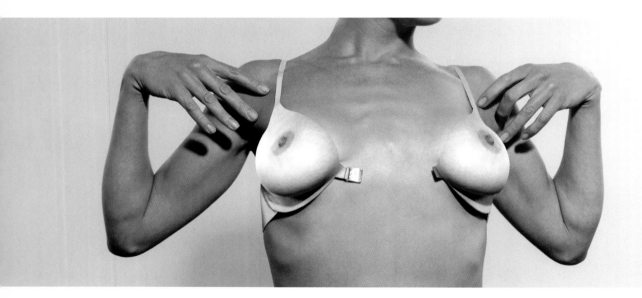

'Sans titre 06', 'Collection printemps été 2000' 2000, 78 x 108 cm, peinture Teshé, Léon Gallery

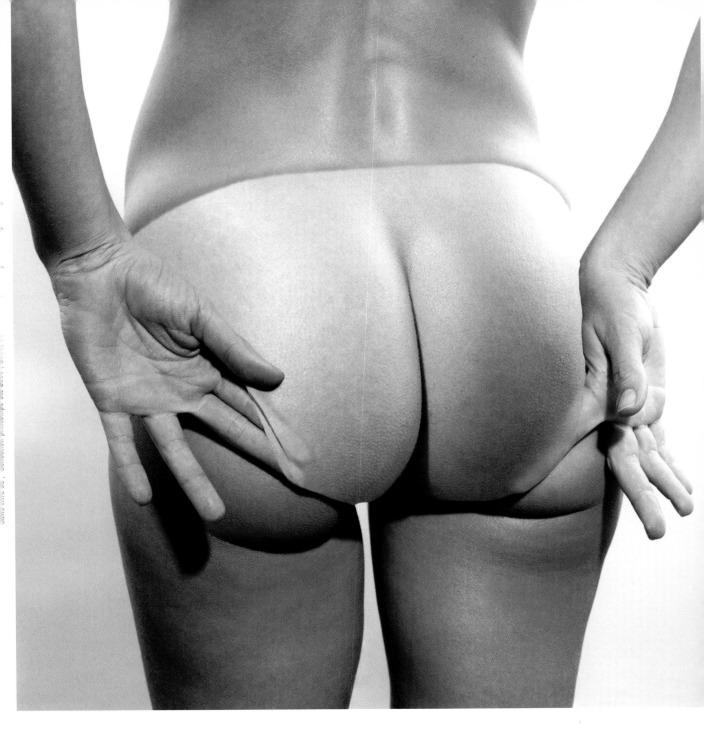

'Sans titre 05' (Collection printemps été 2001) 2001, 120×120 cm, galerie Zurcki/Lieu Gall

'Sans titre 07', 'Collection printemps-été 2001', 2001, 120 x 108 cm, courtesy Taché-Lévy Gallery

'Anne Claire', 'Collection automne-hiver 2003-2004', 2003, 120 x 120 cm, courtesy Iaché-Lévy Gallery

FOTO CREDITS

P4 Jacques Sonck
P6 Cesare Colombo
P8 onbekend
P11 Pascal Roulin
P12 Jacques Sonck
P14 Boven: Norman Parkinson, onder: Busby Berkeley
P15 Links: Factory Management and Maintenance, rechts: Busby Berkeley
P17 Monica Feudi
P18 Ronald Stoops, linksonder: Maison Martin Margiela
P29 Links: Farabola, rechts: Bill Cunningham
P30 Steven Meisel
P33 Jacques Sonck
P35 Links: Kaat Debo, midden: The Board of Trustees of the Victora
and Albert Museum (Amy de la Haye, 'The Cutting Edge', p.83),
rechts: Daniel Rys, rechtsonder: Animotions
P39 Niall McInerney
P40 Thérèse Bonney
P44 Jacques Sonck
P45 Ronald Stoops
P54 Michel Vanden Eeckhoudt
P59 Dan Lecca
P66 droit reservé, Fondation YSL – Pierre Berger
P67 Guy Marineau
P71 Chris Moore
P72 Marleen Daniels
P73 Kurt De Wit
P78 Michel Comte
P80-81 Jacques Sonck
P87 onbekend
P88 Dan Lecca
P90-93 Monica Feudi
P94 Maison Alaïa
P96 Daniel Rys
P98 Patrice Stable
P101 Rindoff/Garcia Angeli
P106 Remko Dekker
P110-123 Nicole Tran Ba Vang

PHOTO CREDITS

P4 Jacques Sonck
P6 Cesare Colombo
P8 unknown
P11 Pascal Roulin
P12 Jacques Sonck
P14 Top: Norman Parkinson, bottom: Busby Berkeley
P15 Left: Factory Management and Maintenance, right: Busby Berkeley
P17 Monica Feudi
P18 Ronald Stoops, bottom left: Maison Martin Margiela
P29 Left: Farabola, right: Bill Cunningham
P30 Steven Meisel
P33 Jacques Sonck
P35 Left: Kaat Debo, middle: The Board of Trustees of the Victora
and Albert Museum (Amy de la Haye, 'The Cutting Edge', p.83),
right: Daniel Rys, bottom right: Animotions
P39 Niall McInerney
P40 Thérèse Bonney
P44 Jacques Sonck
P45 Ronald Stoops
P54 Michel Vanden Eeckhoudt
P59 Dan Lecca
P66 droit reservé, Fondation YSL – Pierre Berger
P67 Guy Marineau
P71 Chris Moore
P72 Marleen Daniels
P73 Kurt De Wit
P78 Michel Comte
P80-81 Jacques Sonck
P87 unknown
P88 Dan Lecca
P90-93 Monica Feudi
P94 Maison Alaïa
P96 Daniel Rys
P98 Patrice Stable
P101 Rindoff/Garcia Angeli
P106 Remko Dekker
P110-123 Nicole Tran Ba Vang

HET MODEMUSEUM IS EEN INITIATIEF
VAN DE PROVINCIE ANTWERPEN

met de steun van
de Vlaamse regering

SPONSORS

SPONSORS

COLOFON

126

TENTOONSTELLING

De tentoonstelling werd ingericht door de
Bestendige Deputatie van de Provincieraad van Antwerpen

Directie **Provinciebestuur Antwerpen**
Provinciegouverneur **Camille Paulus**
Provinciegriffier **Danny Toelen**
Bestendig Afgevaardigde **Ludo Helsen**
Bestendig Afgevaardigde **Jos Geuens**
Bestendig Afgevaardigde **Frank Geudens**
Bestendig Afgevaardigde **Martine De Graef**
Bestendig Afgevaardigde **Marc Wellens**
Bestendig Afgevaardigde **Corry Masson**

Diensthoofd Culturele Instellingen **Dirk Berkvens**

PATRONEN

Directeur **Linda Loppa**
Tentoonstellingsbeleid **Kaat Debo**
Scenografie **Bob Verhelst**
Pers en Promotie **Helga Geudens** – **At Large** (Parijs)
Conservator **Frieda Sorber**
Educatieve werking **Frieda De Booser**
Restauratie **Erwina Sleutel** – **Ellen Machiels**
Bibliotheek **Dieters Suls** – **Lutgart Van Houtven**
– **Birgit Ansoms**

Geluidsontwerp **Senjan Jansen**
Video **Stef Franck** (i.s.m. **Els Brans** & **Christoph De Boeck**)
3D-animatie: **AniMotionS**
A-POC (Just Before, Baguette, King & Queen)
Issey Miyake & **Dai Fujiwara**

Nicole Tran Ba Vang (www.tranbavang.com)
Speciale dank aan:
Galerie Taché-Lévy (www.tache-levy.com),
Janvier (post production),
Boussac Fadini Textiles, Chelsea Textiles.
Christophe Bouquet (assistent fotografie),
Suzanne Gazin (assistent),
Belinda Kikanovic (make-up artist en model) en de modellen:
Anne-Claire Boyer, Delphine Darmon, Noémie Kocher, Yana
Rusinovich, Aurélie Herrou en Stéphanie Long.

COLOPHON

EXHIBITION

The exhibition was organised by the
Executive Board of the Council of the Province of Antwerp

Board **Provinciebestuur Antwerpen**
Provincial Governor **Camille Paulus**
Provincial Recorder **Danny Toelen**
Deputy **Ludo Helsen**
Deputy **Jos Geuens**
Deputy **Frank Geudens**
Deputy **Martine De Graef**
Deputy **Marc Wellens**
Deputy **Corry Masson**

Head of Cultural Service **Dirk Berkvens**

PATTERNS

Director **Linda Loppa**
Exhibitions Officer **Kaat Debo**
Scenography **Bob Verhelst**
Press and Promotion **Helga Geudens** – **At Large** (Paris)
Conservator **Frieda Sorber**
Education Officer **Frieda De Booser**
Restoration **Erwina Sleutel** – **Ellen Machiels**
Library **Dieters Suls** – **Lutgart Van Houtven**
– **Birgit Ansoms**

Sound Design **Senjan Jansen**
Video **Stef Franck** (with **Els Brans** & **Christoph De Boeck**)
3D-animation: **AniMotionS**
A-POC (Just Before, Baguette, King & Queen)
Issey Miyake & **Dai Fujiwara**

Nicole Tran Ba Vang (www.tranbavang.com)
Special thanks to:
Taché-Lévy Gallery (www.tache-levy.com),
Janvier (post production),
Boussac Fadini Textiles, Chelsea Textiles.
Christophe Bouquet (photographer's assistant),
Suzanne Gazin (assistant),
Belinda Kikanovic (make-up artist and model) and the models:
Anne-Claire Boyer, Delphine Darmon, Noémie Kocher, Yana
Rusinovich, Aurélie Herrou and Stéphanie Long.

Blind Spot **Neeltje Ten Westenend**
Onderzoek **Karin De Coster** (VUB)
Met dank aan: Remko Dekker, Els Viaene, David Geraerts,
Katty Geltmeyer, Nico Vancouver, Christa Debrock, Julie
Vanderschrieck, Bart Van Peer, Monique van den Abbeel,
Confituur, Brailleliga, Stichting ter Verbetering van het
Lot der Blinden

Met dank aan:
Heilig Graf Instituut Turnhout
Provinciaal Instituut St-Godelieve
3-Quarts
Lectra (André Braem & Els Beyens)
Confectie Gobert
Hieron Pessers & **Dinie Van Den Heuvel**
Glamor Is Undead

Met speciale dank aan:
Haider Ackermann (Jan Michiels)
Azzedine Alaïa (Olivier Collinet, Florence Schlegel)
Fundacion Balenciaga (Aberri Olaskoago)
Dirk Bikkembergs (Sylvie Dierckxsens)
Veronique Branquinho
Hussein Chalayan (Milly Patrzalek, Lena Wells)
Ann Demeulemeester
Geneviève Sevin-Doering (Mimi Sevin-Doering)
Angelo Figus
John Galliano pour Christian Dior Haute Couture
(Philippe Le Moult, Soizic Pfaff, Jelka Music)
Jean-Paul Gaultier (Danyce Barabant, Eric Tibusch)
Romeo Gigli (Frans Ankoné)
Hubert de Givenchy (Milène Lejoie)
Christian Lacroix (Elisabeth Bonnel, Franck Duquenne)
Maison Martin Margiela (Patrick Scallon)
Issey Miyake (Véronique Vasseur)
Musée de la Mode Paris
Yves Saint Laurent
(Hector Pascual, Dominique Deroche, Romain Verdure)
Walter Van Beirendonck
A.F. Vandevorst
Patrick Van Ommeslaeghe
Dirk Van Saene
Vivienne Westwood (Andrea Cameroni)
Yohji Yamamoto (Nathalie Ours, Coralie Gauthier)
University of Rhode Island, Commercial Pattern Archive
(Joy Emery)

Blind Spot **Neeltje Ten Westenend**
Research **Karin De Coster** (VUB)
Thanks to: Remko Dekker, Els Viaene, David Geraerts,
Katty Geltmeyer, Nico Vancouver, Christa Debrock, Julie
Vanderschrieck, Bart Van Peer, Monique van den Abbeel,
Confituur, Brailleliga, Stichting ter Verbetering van het
Lot der Blinden

Thanks to:
Heilig Graf Instituut Turnhout
Provinciaal Instituut St-Godelieve
3-Quarts
Lectra (André Braem & Els Beyens)
Confectie Gobert
Hieron Pessers & **Dinie Van Den Heuvel**
Glamor Is Undead

Special thanks to:
Haider Ackermann (Jan Michiels)
Azzedine Alaïa (Olivier Collinet, Florence Schlegel)
Fundacion Balenciaga (Aberri Olaskoago)
Dirk Bikkembergs (Sylvie Dierckxsens)
Veronique Branquinho
Hussein Chalayan (Milly Patrzalek, Lena Wells)
Ann Demeulemeester
Geneviève Sevin-Doering (Mimi Sevin-Doering)
Angelo Figus
John Galliano pour Christian Dior Haute Couture
(Philippe Le Moult, Soizic Pfaff, Jelka Music)
Jean-Paul Gaultier (Danyce Barabant, Eric Tibusch)
Romeo Gigli (Frans Ankoné)
Hubert de Givenchy (Milène Lejoie)
Christian Lacroix (Elisabeth Bonnel, Franck Duquenne)
Maison Martin Margiela (Patrick Scallon)
Issey Miyake (Véronique Vasseur)
Musée de la Mode Paris
Yves Saint Laurent
(Hector Pascual, Dominique Deroche, Romain Verdure)
Walter Van Beirendonck
A.F. Vandevorst
Patrick Van Ommeslaeghe
Dirk Van Saene
Vivienne Westwood (Andrea Cameroni)
Yohji Yamamoto (Nathalie Ours, Coralie Gauthier)
University of Rhode Island, Commercial Pattern Archive
(Joy Emery)

128

CATALOGUS

Concept en samenstelling Bob Verhelst & Kaat Debo

Vormgeving Paul Boudens

Uitgever Ludion, Gent

Druk Die Keure, Brugge

Eindredactie Inge Braeckman

Vertaling Irene Smets

Digitaliseren patronen:
de leerlingen van het 7de specialisatiejaar
Cad.-Confectie van het Provinciaal Instituut St-Godelieve
(Dorien, Ellen, Aude & Lucia)

Met dank aan Lectra

Oplage 2000

MoMu
Nationalestraat 28
B-2000 Antwerpen
T+32-(0)3-470.27.70
info@momu.be
www.momu.be

ISBN 90-5544-455-3
D/2003/6328/19

CATALOGUE

Concept and composition Bob Verhelst & Kaat Debo

Design Paul Boudens

Publisher Ludion, Ghent

Printing Die Keure, Bruges

Editing Sally Heavens in association
with First Edition Ltd, Cambridge

Translation Mari Shields & Ted Alkins (Linda Loppa)

Digitization of patterns:
Year-7 CAD-Fashion Students
Provinciaal Instituut St-Godelieve
(Dorien, Ellen, Aude & Lucia)

With thanks to Lectra

Print run 2000

MoMu
Nationalestraat 28
B-2000 Antwerp
T+32-(0)3-470.27.70
info@momu.be
www.momu.be

ISBN 90-5544-455-3
D/2003/6328/19

ANDREW GIBBS 429
Penhill Drive swindon